大学生
朋辈团体心理辅导

李东　高兰　主编

黑龙江大学出版社
HEILONGJIANG UNIVERSITY PRESS
哈尔滨

图书在版编目（CIP）数据

大学生朋辈团体心理辅导 / 李东，高兰主编 .

哈尔滨 ：黑龙江大学出版社，2025. 6. -- ISBN 978-7 -5686-1305-7

Ⅰ. G444

中国国家版本馆 CIP 数据核字第 2025US8379 号

大学生朋辈团体心理辅导

DAXUESHENG PENGBEI TUANTI XINLI FUDAO

李东　高兰　主编

责任编辑	赵　晶
出版发行	黑龙江大学出版社
地　　址	哈尔滨市南岗区学府三道街 36 号
印　　刷	亿联印刷（天津）有限公司
开　　本	720 毫米 ×1000 毫米　1/16
印　　张	12.75
字　　数	217 千
版　　次	2025 年 6 月第 1 版
印　　次	2025 年 6 月第 1 次印刷
书　　号	ISBN　978-7-5686-1305-7
定　　价	49.80 元

本书如有印装错误请与本社联系更换，联系电话：0451-86608666。

前　言

　　加强学生心理健康教育工作，事关培养身心健康、全面发展的时代新人，事关国家和民族未来。积极探索规律，创新方法，科学、有效地开展学生心理健康教育工作，不断提升其心理素养，引领其成长成才，也就成了学校心理健康教育工作者应该思考的重要课题。

　　一直以来，我们立足学生心理成长需要，大力开展高校学生朋辈团体心理辅导的理论与实践研究。以促进学生全面健康发展为主线，以满足学生多层次、多样化的心理需求为着力点，坚持五育并举，育心与育德相结合，积极搭建自助与互助平台。推进同伴支持，充分发挥学生朋辈帮扶作用，强化朋辈间心理健康互助意识，提高朋辈心理互助能力。探索激活学生主动性，扩大心理健康教育受益面的科学方法，寻求提升高校学生心理健康教育工作实效的有效路径。增强学生"每个人是自己心理健康第一责任人"的意识，培养其自主、自助维护心理健康的观念和能力，积极促进其自我管理、自我教育、自我服务功能的全面提升。

　　为进一步完善学校心理健康教育工作机制，切实发挥学生在心理健康教育过程中的生力军作用，特编写此书。本书从朋辈团体心理辅导的理论与实操两个维度为高校心理健康教育工作的开展提供技术性指导，使操作更具规范性、科学性与实效性。本书包含朋辈团体心理辅导过程中常用的心理游戏以及不同主题的朋辈团体心理辅导设计方案实例，进一步凸显了实践性和操作性价值。希望本书能够为高校心理健康教育工作提供启发与借鉴，从而不断扩大心理健康教育工作队伍，完善心理健康教育工作体系，切实推动心理健康教育工作高质量发展。

　　本书由李东、高兰主编。其中第四章、第六章、第十章由李东编写；第三章、第八章、第九章由高兰编写；第二章、第五章、第十一章由陈萌编写；第一章、第七章、第十二章由付丛志、王晨、闫朝竣共同编写。

李 东

目　　录

第一章 朋辈心理辅导概述

在高等院校的心理健康教育工作中,朋辈心理辅导的作用日益凸显。发挥学生主体作用,组织、开展学生心理健康自助与互助活动,从而积极引领广大学生增长心理健康知识、提升心理调适能力,逐渐成为学校心理健康教育工作的重要形式。那么,什么是朋辈心理辅导? 它具有哪些特点和功能呢?

第一节 朋辈心理辅导的内涵

一、朋辈心理辅导的由来

朋辈心理辅导是一种在专业教师的培训、指导和督导下,将有助人意愿和助人能力的学生培养成心理辅导员,通过朋辈互助来解决心理困惑的工作形式。由于其贴近学生生活,能够有效激活辅导对象的内生动力,且操作便捷、易于推广且效果显著,因此,在实践中不断被推广,相关的理论研究与实践探索也日益深入和丰富。此外,在心理健康教育工作中,人们发现,经过专门的培训,朋辈心理辅导员这些半专业人员的功能和作用与心理健康教育专业人员相比并不逊色。因此,朋辈心理辅导这种心理健康教育工作形式越来越受到关注和重视,在我国高校心理健康教育工作中的应用也日趋广泛。

2001 年,我国心理学工作者陈国海、刘勇编著了《心理倾诉——朋辈心理咨询》一书。此书是国内朋辈心理辅导的开山之作,对国内朋辈心理辅导的发展起到了非常重要的指引作用。[①] 2003 年,学者孙炳海、孙昕怡开始公

---

① 王冰蔚,杨宾峰,王永铎.大学生朋辈心理辅导[M].北京:清华大学出版社,2011:42.

开发表此方面的学术论文。从此,关于朋辈心理辅导的研究逐渐被越来越多的心理健康教育工作者所关注,我国的朋辈心理辅导活动逐步兴起。特别是在我国高校的心理健康教育工作中,大学生朋辈心理辅导的理论研究与实践应用日益广泛,许多高校都做出了积极的探索和尝试,积累了有价值的经验,为朋辈心理辅导的科学化、规范化发展做出了贡献。

二、朋辈心理辅导的概念界定

朋辈心理辅导是从"朋辈辅导"衍生出来的一种活动形式。在实际应用过程中,"朋辈心理辅导"与"朋辈辅导"两个概念常常相互替代,很难进行严格区分与界定。此外,对于其内涵,不同学者也有不同的理解。

例如,有的学者把"朋辈心理辅导"理解为"非专业心理工作者作为帮助者在从事一种类似于心理咨询的帮助活动"[1]。有的学者则认为,所谓朋辈心理辅导,是指由受训和督导过的学生向前来寻求帮助的学生以言语或非言语的方式,尽量少给或者不给建议,提供倾听、支持及其他帮助的过程。[2]

综合以上不同学者对朋辈心理辅导内涵的不同解释,我们认为,朋辈心理辅导,顾名思义,指的是朋友或同辈之间所进行的一种心理辅导形式。具体来说,是指年龄、身份相当者之间所开展的心理疏导、支持与帮助过程。

朋辈心理辅导与一般的朋辈辅导有所不同,它更强调辅导的内容、手段、技术与功能的心理性,更要求辅导员具有一定的心理学领域理论储备与专业素养。特别是在高等学校这一背景下,这种辅导指的是接受过一定专业学习与训练的学生,在专业教师的指导下,对有心理需求的学生所进行的心理帮助过程。由于这种辅导是在同辈及朋友、同学之间进行的,辅导双方年龄相仿,具有较为接近的价值观念、经验,以及相似的生活方式、生活理念,彼此很容易迅速建立起良性的人际互动关系,达成共情与包容。这对于整合学生内在资源,深入他们的内心世界,体验其情感与思维活动,调动其积极参与辅导过程的自觉性,从而有效提升学生自主管理与自我服务能力,切实实现助人自助的辅导目标具有积极的作用。

---

① 王冰蔚,杨宾峰,王永铎.大学生朋辈心理辅导[M].北京:清华大学出版社,2011:56.
② 李颖.大学生朋辈心理辅导的实践与探索[J].文教资料,2015(21):125.

三、朋辈心理辅导的常见类型

根据不同的标准,朋辈心理辅导可以划分为不同类型。

(一)个别朋辈心理辅导和团体朋辈心理辅导

在具体的实操过程中,根据辅导对象的数量,通常会将朋辈心理辅导划分为个别朋辈心理辅导和团体朋辈心理辅导两种形式。如果辅导对象是1个人,需要朋辈心理辅导员按照个别心理咨询的方式,对其进行一对一的辅导与帮助,就属于个别朋辈心理辅导。如果辅导员为1~2人,辅导对象为几人、十几人甚至几十人时,所开展的辅导就属于团体朋辈心理辅导。

一般情况下,团体朋辈心理辅导单位时间内受众广、效率高,在学校心理健康教育工作中是比较常见的形式。

(二)结构式朋辈心理辅导和非结构式朋辈心理辅导

根据朋辈心理辅导实现的计划程度,朋辈心理辅导可以划分为结构式朋辈心理辅导和非结构式朋辈心理辅导两种形式。结构式朋辈心理辅导,指的是辅导前计划、准备充分,有详细的辅导方案和固定的活动程序的辅导。非结构式朋辈心理辅导,则是指没有详细的计划和固定的活动流程,主要是由辅导员根据辅导对象需要,结合辅导进展状况和彼此互动程度来规划和安排的辅导活动。相对而言,结构式朋辈心理辅导便于操作、可控性强,更适合学校朋辈心理辅导活动的开展。

(三)治疗性的朋辈心理辅导和发展性的朋辈心理辅导

根据辅导对象心理问题的严重程度,朋辈心理辅导可以划分为治疗性的朋辈心理辅导和发展性的朋辈心理辅导两种形式。当通过科学的诊断方式,已经确认辅导对象的心理问题比较严重,属于心理疾病或心理障碍的程度,需要通过团体所特有的治疗性因素,运用专业化的技术与手段来进行处理时,所开展的辅导就属于治疗性的朋辈心理辅导。由于这种辅导对辅导员的专业化水平要求较高,需要其具有丰富的相关知识储备和一定的专业资质,因此,通常不适合学生辅导员开展。如果在具体的朋辈团体心理辅导过程中遇到此类情况,建议朋辈心理辅导员第一时间向相关部门或教师汇报,由心理健康教师或专业人员介入,以免耽误辅导对象心理问题的解决。

如果辅导活动所要解决的是个体成长过程中比较常见的问题,如人际关系问题、环境适应问题、学习问题等,且问题严重程度不高,具有一过性,不会对其正常生活造成严重影响,成员的心理需求与辅导目标主要集中在自我成长与自我完善方面,那么所开展的朋辈心理辅导就属于发展性的朋辈心理辅导。一般来说,这种辅导所面对的问题易于解决,操作难度不大,比较适合学生朋辈心理辅导员操作。

（四）主动性朋辈心理辅导和被动性朋辈心理辅导

根据辅导对象求助的主动程度,朋辈心理辅导可以分为主动性朋辈心理辅导和被动性朋辈心理辅导两种形式。在心理咨询或心理辅导过程中,通常都会坚持来访者自愿的原则。如果来访者主动寻求帮助,希望得到理解、支持与宽慰,且有求助的自觉性和主动意识,这种辅导就属于主动性朋辈心理辅导。有时候,辅导对象可能并未主动寻求帮助,但根据其心理发展规律或共性的心理需求,为避免问题的发生,或为了促进其未来顺利成长和发展,朋辈心理辅导员也可以主动设计辅导方案,联系辅导对象并对其予以指导,这就属于被动性朋辈心理辅导。这种辅导形式在学校心理健康教育工作中也比较常见。例如,新生入学后,为了防止其产生适应性困扰而开展的适应性心理辅导,以及为了避免学生在集体生活中产生人际困扰而进行的人际关系心理辅导等,均属于这种类型。

第二节　朋辈心理辅导的特点与功能

一、朋辈心理辅导的特点

（一）影响的广泛性

作为朋友、同学之间的心理互助模式,朋辈心理辅导具有广泛的影响层面。它可以打破传统心理咨询需要等待来访者自愿求助、一对一进行咨访的格局,有效渗透到同龄人共同生活的各个层面。它可以迅速在班级、宿舍、学生社团等领域开展,满足广大学生对心理健康指导的渴求,切实发挥心理健康教育的全面渗透功能。

（二）问题发现的及时性

在学校情境下,朋辈心理辅导是在学生之间开展的。辅导双方在日常生活中接触广泛,容易发现彼此的共同心理特点以及需要解决的心理困惑。特别是一些学生心理上的压力与问题不愿意暴露在教师面前,经常会有所掩饰,难以被教师发现和了解,但在同学面前会相对放松,问题表现比较明显。因此,朋辈心理辅导员可以及时发现问题,采取措施,迅速予以解决。

(三)干预的直接性

朋辈心理辅导操作在时间和空间上灵活性都比较强,尤其在遇到突发问题(如心理危机事件)时,朋辈心理辅导员可以一边寻求教师帮助,一边先行介入情境进行相关处理,为问题的有效解决争取时间、创设条件。

(四)操作的简便性

朋辈心理辅导的咨访双方在年龄、经验、兴趣、观念、思维方式等方面具有许多相同点或相似之处,彼此容易理解、包容与接纳,有利于建立良好的咨访关系。此外,朋辈心理辅导本身技术要求的难度不大,经过专门的培训与学习,学生比较容易领会与掌握,并在实践中加以运用。可以说,朋辈心理辅导操作简便,易于普及与推广,完全可以作为一种重要形式来推动学校心理健康教育工作的开展。

(五)过程的义务性

在高校,朋辈心理辅导是一种同学之间的互助性心理帮助行为。朋辈辅导者一般不会要求物质方面的回报,是自愿的付出和奉献,是一种义务性的利他行为。在这一过程中,朋辈心理辅导员会因为能够帮助他人,或看到他人的心理转变而增强自我价值感和自我认同性,产生愉悦的情绪体验。

总之,朋辈心理辅导作为一种新兴的心理辅导方式,能够有效地解决高校专业心理人员缺乏、专业心理辅导资源不足等问题,及时、便捷、高效地为学生提供心理帮助与服务。同龄人之间的交流与互助,不仅可以培养大学生自我教育、自我管理和自我服务的能力,激发大学生心理健康教育骨干力量的工作热情,构筑朋辈互助的心理健康教育平台,而且通过专业、系统的培训与指导,大学生还可以提高心理健康水平和开展心理健康教育工作的能力,以点带面,扩大心理健康教育的受益面,实现心理健康教育工作的良性循环。

二、朋辈心理辅导的功能

(一)能动性与主体性相融合

学生是心理健康教育工作的对象,更是心理健康教育工作的主体。因此,在学校心理健康教育过程中,需要坚持教育与自我教育相结合的原则,既要充分发挥教师的引导作用,又要充分调动学生的积极性和主动性,以提升其自我调适的能力。在朋辈心理辅导的过程中,学生成为心理辅导员,这无疑会激活他们内在的能量,使其真切地感受到自身的作用与价值,产生参与心理健康教育工作的热情与主动性,主体作用必然得以彰显。这种心理健康教育方式,既符合高校心理健康教育工作的基本要求,也会促进心理健康教育工作助人自助这一根本目标的实现。

(二)自助性与互助性相统一

朋辈心理辅导与其说是一个助人的过程,不如说是一个自助与互助相统一的过程。在帮助他人解决困惑、舒缓压力的过程中,朋辈心理辅导员不仅要不断学习维护心理健康、调适心理状态的相关知识,丰富心理健康理论,还要提升心理健康教育活动设计、组织、实施等实操能力。此外,朋辈心理辅导员会在辅导的过程中吸取他人经验,不断提升心理素养,促进其自我心理发展。应当说,朋辈心理辅导为学生的心理健康发展构建了一个自助性与互助性有机整合的平台。无论是朋辈心理辅导员还是辅导对象,都会在这一平台、在有序互动的过程中彼此促进,共同成长。

(三)贴近大学生的心理发展实际

在大学阶段,学生的心理发展具有内隐性和外显性共存的特点。他们的一些心理变化有时会直接表露在外,但由于自尊心强、敏感、顾忌较多,有时一些情绪又不愿意轻易表达。因此,当出现心理压力、产生困惑或有问题需要疏导时,他们一般不太愿意主动求助于心理教师或者专业心理咨询机构。但在朋辈心理辅导的过程中,由于辅导员是自己的同学、伙伴,同龄人之间比较容易沟通,这会使他们降低心理防御水平,乐于倾诉,也乐于在相互交流中听取他人的意见和建议,从而坦然地面对和解决问题。

(四)增强心理健康教育工作的实效

心理健康教育工作如果仅仅依靠专职教师,是很难满足新时期大学生心理发展的需求的。目前,虽然我国高校心理健康教育工作专职教师按照师生比有所增多,但与学生日益增长的心理成长需求相比,依然存在差距,较难满足广大学生心理发展的迫切需要。因此,专职的心理健康教师缺乏,一直也是困扰高校心理健康教育工作的一个重要问题。

研究表明,经过20~40小时培训的半专业人员,在朋辈辅导中能产生同专业咨询人员一样的效果。① 朋辈心理辅导虽然是以学生为主体,但通过培养学生骨干,以点带面推动心理健康教育工作的深入开展,在一定程度上必然会缓解心理健康教师缺乏的状况,有效补充心理健康教育的工作力量。由此可见,朋辈心理辅导的开展,不仅丰富了学校心理健康教育工作的形式,也无疑会促进心理健康教育工作提质增效。

三、朋辈心理辅导的局限性

不难看出,开展朋辈心理辅导对于丰富学校心理健康教育工作形式,促进广大学生心理健康成长具有不容忽视的重要作用。但是,这毕竟是在学生之间开展的心理互助活动,由于朋辈心理辅导员专业水准、阅历、经验等方面的局限与制约,具体实施的过程中也难免会出现问题。

(一)辅导过程的准专业化

朋辈心理辅导有别于专业心理辅导,在目标、要求、方法等方面的层次和深度上存在较大差异。② 各高校在组建朋辈心理辅导员队伍时都会进行严格的选拔,从个人能力、道德品质、责任意识、心理健康程度等方面全方位考量,挑选优秀的学生来担任朋辈心理辅导员。此外,在进行朋辈心理辅导操作之前,学校也会对他们进行专门的培训与指导,在辅导过程中也会有教师进行督导与跟踪。然而,培训的系统性、实践训练的持续性、辅导实操的有效性可能很难达到专业化水准。加之朋辈心理辅导员在人格特质、理解与领悟水平、组织实施能力等方面存在差异,其专业知识掌握程度、辅导技术的运用水平、与辅导对象互动关系的建立情况以及对问题的理解、评估、有效应对等方面的表现也会参差不齐,难以保证其理论水平与实践操作水

① 蔡蓉.大学生朋辈心理辅导培训与助人行为倾向的关系:朋辈心理辅导能力的中介作用[J].中国临床心理学杂志,2024,32(3):707.
② 王冰蔚,杨宾峰,王永铎.大学生朋辈心理辅导[M].北京:清华大学出版社,2011:57.

平真正达到专业化状态,辅导过程中也难免会出现一些瑕疵或不尽如人意的地方。因此,通常人们会把朋辈心理辅导视作准专业化辅导或半专业化辅导。

（二）辅导内容的局限性

经过专门的培训后,朋辈心理辅导员会满怀热情地投入辅导活动。但由于个人阅历、生活经验、专业水平的局限,在面对一些特定的具体问题时,他们往往不知如何有效应对和解决。

例如,在高校中,由于无法妥善处理恋爱问题,常常会引发心理压力事件。学生们普遍希望提升恋爱技巧,妥善处理恋爱中的各种问题,并渴望得到有效的帮助与指导。因此,这无疑是朋辈心理辅导中需要关注的一个重要课题。然而,对于一些朋辈心理辅导员来说,他们自身在恋爱和人生经验方面较为欠缺,尚不能理性、客观地处理相关问题。他们在开展关于恋爱问题的心理辅导时,通常只能停留在理论层面,进行表层疏导,难以深入辅导对象的内心。当辅导对象的压力累积较大、问题较为严重时,朋辈心理辅导员更会感到无所适从。因此,尽管朋辈心理辅导具有诸多优势,但它只能是学校心理健康教育工作的一种形式,是对心理健康教师专业化指导的一种补充。

（三）辅导对象的信任度有待提高

作为学生之间的心理互助形式,朋辈心理辅导因辅导双方年龄、认知水平相近,容易吸引辅导对象,使其主动接受帮助。然而,也正因为彼此身份、年龄相似,一些辅导对象可能会对朋辈心理辅导员的能力、水平以及自己在辅导过程中的成长与收获产生怀疑。他们在辅导过程中可能表现出不投入、消极观望或吹毛求疵的态度,对朋辈心理辅导员的操作不予认同。无论出现哪种情况,都会直接影响朋辈心理辅导员的辅导过程,甚至动摇其信心,使其丧失自我效能感,最终导致辅导效果受到消极影响。

第二章　团体心理辅导的基本理论

团体心理辅导是心理辅导的一种重要形式,因其省时省力、单位时间内效率高、受众广而深受欢迎。在学校中,团体本身就是自然存在的,加之学生具有团体生活的倾向,并且拥有共同的心理需求和成长课题,因此,以团体为主要形式开展的朋辈心理辅导特别容易被学生接受。这种心理辅导形式能够为学生创设安全的交流互动氛围,搭建促进其自我探索、习得和尝试新经验的实践平台。由于其效率高、影响广,目前已成为高等院校心理健康教育工作中不可或缺的重要载体。对于朋辈心理辅导员来说,丰富团体心理辅导的相关理论知识,熟练掌握相关操作技能,也是促进其个人专业成长、推动朋辈心理辅导顺利开展的重要途径。

第一节　团体心理辅导的概述

一、团体与团体心理辅导

(一)团体

团体,是一种有序的社会组织,它不是人与人之间的简单组合,而是不同个体依据一定的目标、任务和内容组合而成的集合体。团体的形成需要具备一定的规模,成员由两个或两个以上的独立个体组成。成员之间需要相互影响,这种影响可能是相互支持、理解、关心和呵护的正向互动,也可能是相互指责、讥讽、打击和抱怨的负向互动。一般来说,正向互动越充分,团体就越具有活力和凝聚力;而如果团体中充斥着负向互动,则会导致松散、混乱,成员离心离德。当然,真正有效的团体还需要成员之间达成思想共识,形成一定的团体规范,这样才能保证团体规范有序,运作顺畅。

　　团体是个体生存、发展和社会适应的重要空间和载体。在团体中，成员之间会进行互动与交流。通过团体氛围及成员之间的相互影响，个体不仅可以获得经验与信息，交流情感与观点，习得知识与技能，还可以获得社会性支持力量，产生对团体的心理认同与归属感。这对于促进个体认知自我、探索自我，实现成长与发展具有深远影响。

　　当然，团体对个体的作用具有双重性，团体既可能成为个体成长的积极助力，也可能成为个体发展的阻碍因素。这主要取决于团体的组织者和领导者如何运用团体动力及采取团体策略，引领和推动团体的发展。

　　（二）团体心理辅导

　　作为心理辅导的重要形式之一，团体心理辅导是一种在团体情境下，由一名或两名领导者带领，以几名、十几名甚至几十名成员为对象，通过团体内的人际交流、分享、讨论、团体练习等互动形式，引导成员进行自我探索、相互借鉴、矫正自我认知，提升自我效能，习得经验与方法，从而不断增强社会适应性的心理帮助方式。

　　团体心理辅导与个别心理辅导同为心理辅导的重要形式。然而，与个别心理辅导相比，团体心理辅导更注重营造宽松、接纳、包容、支持的心理环境，注重团体领导者与成员之间、成员与成员之间良性人际互动关系的建立。团体心理辅导所解决的问题通常是成员共同关切的议题，因此，它更容易吸引成员参与，也更容易激发成员自我探索的积极性。对于成员客观了解自我、认知他人、提升社会适应性、主动面对自我心理状态、解决心理问题、实现心理成长，团体心理辅导具有积极的促进作用。

二、团体心理辅导的特点

　　（一）受众广，效率高

　　团体心理辅导是以团体工作为基本形式的辅导操作过程。标准规模为 $8\sim12$ 人，但在实际应用中，辅导对象为十几人甚至几十人的情况也比较常见。在这种辅导中，$1\sim2$ 名团体领导者在单位时间内可以同时为多人提供帮助与服务，这不仅可以有效解决心理工作者人员不足的问题，而且还扩大了心理帮助活动的受益范围，具有省时省力、效率高的显著优势。

（二）重视互动，感染性强

团体心理辅导依托于人与人之间的交流与互动。与个别心理辅导相比，团体心理辅导更注重调动成员积极性，构建辅导双方及成员之间的互动平台。在操作过程中，成员会同时感受到多个影响源的作用，能够在他人的分享中受到启发，在交流中相互影响，推己及人，矫正认知。特别是团体心理辅导注重营造安全、温暖的心理环境，更容易使成员的心灵受到积极促动，帮助他们重新梳理自身问题，提升价值体验。

（三）见效快，易于迁移

团体心理辅导使成员在互动过程中习得相应经验。团体本身作为一个社会单位，为成员创设了类似于真实社会的生活情境，为他们将经验应用于现实提供了练习场。这不仅有助于促进成员的心理调适与成长，有效达成团体心理辅导的预期目标，还能帮助成员巩固团体收益，并将其延伸、迁移到团体之外的生活中。正如有学者所说，团体辅导过程为团体成员提供了一个微型的社会环境，建立起真实的互动关系。[1]

（四）方便操作，适用面广

与个别心理辅导相比，团体心理辅导同样要求领导者掌握心理辅导的基本要求，并能够灵活运用相关技术。但由于团体心理辅导通常针对生活中常见的心理状况及成员的共性心理需求，问题的严重程度较低，因此，不要求领导者必须使用专业性较强的方法与手段。团体心理辅导易于掌握，操作方便，适用于人际交往、个体发展、人格完善、社会适应、情绪管理等多个领域，已日益成为心理辅导的重要形式。

三、团体心理辅导的局限性

团体心理辅导简便易行，成效显著，在心理健康工作中越来越受到关注与重视。然而，不可否认的是，团体心理辅导在实际应用中也存在一定的局限性。

（一）对领导者的综合能力要求较高，并非所有心理工作者都能胜任

由于辅导对象的团体性和差异性，团体心理辅导不仅要求领导者具备

---

[1] 周圆.团体辅导:理论、设计与实例[M].上海:上海教育出版社,2013:4.

一般心理辅导所必需的专业知识与技术,还要求其具备掌控团队、调动氛围、灵活应对的技巧与方法。这就需要领导者在组织能力、团队意识、沟通技巧、应对措施、专业技术等方面达到一定水平。同时,对领导者的人格完善状态、情绪稳定性、道德操守等方面的要求也较高。因此,并非所有心理工作者都能胜任团体心理辅导员。与个别心理辅导相比,团体心理辅导对领导者的要求更高。

(二)以团体为工作对象,难以兼顾成员的个别差异性

团体心理辅导的对象是团体。在操作过程中,领导者需要尽量顾及整个团队的成长与发展,满足成员的共性需求。这势必会减少对每个具体成员的关注,难以周全地顾及不同成员的个性与问题。因此,有时无法保证全体成员共同成长,或成员发展、进步水平的一致性,可能会忽略某些成员的具体心理需求。

(三)对成员特质有要求,需进行成员筛选

由于团体心理辅导需要成员间交流、分享、相互帮助与支持,因此,对成员的特质有一定的要求。例如,问题的匹配性,成员的合群性、个性特点等都是成员筛选要考量的要点。一些性格极端内向、不乐于表达、以自我为中心、合群性差、自我保护过强、具有攻击倾向或存在心理偏差的个体,并不适合参与团体心理辅导。因此,在组建团体之前,辅导员必须对成员进行筛选,不能简单地依据来访者自愿的标准构建团队。

(四)存在个别成员受到心理伤害的潜在可能性

在同一个团体心理辅导中,不同成员的成长经历、遭遇事件、理解能力、性格特点等各不相同。在同样的团体情境下,交流互动的过程就可能会使一些成员感受到压力。领导者和其他成员不经意的言语或行为,也可能会对某些成员造成伤害。尤其是随着团体心理辅导的深入开展,可能需要成员分享内心深处的体会,其中可能涉及隐私内容。即使领导者会在团体规则中反复强调保密性事项,但仍可能存在泄密的风险,导致一些成员心理受到伤害。

(五)成员深层次心理问题难以触及

在团体心理辅导的团体情境中,一些成员可能会心存顾忌。即使领导

者努力营造安全、舒适的心理环境，仍可能有成员对其内心深处的真实想法、体验和经历有所保留，使领导者难以洞察其真实心理状态和感受。这对于成员心理问题的深入探索和根本解决，以及辅导目标的有效实现，都可能造成不利影响。

四、团体心理辅导的类型

（一）发展性团体心理辅导、训练性团体心理辅导与治疗性团体心理辅导

根据所要达成的不同目标，团体心理辅导可以分为发展性团体心理辅导、训练性团体心理辅导与治疗性团体心理辅导三种类型。

1. 发展性团体心理辅导

发展性团体心理辅导也可以称为成长性心理辅导。这是一种以促进成员心理成长和自我完善为目标的辅导活动，所面向的成员通常为心理健康但渴求开发潜能、希望进一步提升自我或社会功能未受损但遇到某些困惑与烦恼的人。在辅导过程中，成员能够获得情感宣泄的机会，感受到团体的接纳与支持，从而对自我形成更清晰的认识，提升自我效能感与自尊体验，并掌握解决问题、开发潜能的有效策略与方法，最终实现心理机能的不断发展与完善。发展性团体心理辅导是应用最广泛的团体心理辅导形式，尤其是在学校心理健康教育中具有较强的适用性。

2. 训练性团体心理辅导

训练性团体心理辅导是指领导者通过情境创设，引导成员在互动与体验中学习认识问题、解决问题的方法，旨在矫正成员不合理的认知与行为方式，帮助他们形成有效处理人际关系的能力，解决心理困扰并习得适应社会的新行为方式与技巧。这种心理辅导形式注重团体发展过程对成员的影响，通常以培养人际关系技巧为重点。

3. 治疗性团体心理辅导

治疗性团体心理辅导的重点在于对成员心理问题进行干预与治疗，所面向的成员通常具有一定的心理问题，且问题持续时间较长，严重程度较高。在辅导过程中，领导者需充分利用团体的治疗机制，通过改变成员的人格结构促进其心理机能康复。这种团体心理辅导一般周期较长，对领导者的专业水平要求也较高。应注意，参加治疗性团体心理辅导的成员不一定

比发展性团体心理辅导和训练性团体心理辅导的成员问题更严重。一些心理健康的个体为追求更迅速、更完善的发展,也可能选择参与治疗性团体心理辅导。

(二)同质性团体心理辅导与异质性团体心理辅导

根据团体成员的年龄、经验、性别、文化背景等方面的相似程度,团体心理辅导可分为同质性团体心理辅导与异质性团体心理辅导两种类型。

1.同质性团体心理辅导

同质性团体心理辅导,指的是针对具有相似问题或特质的成员开展的团体心理辅导。这是一种应用较普遍的辅导类型,在学校心理健康教育中通常也以同质性团体心理辅导为主。在同质性团体心理辅导中,成员因具有相同的心理需求,且在年龄、知识水平、文化背景等方面相近,彼此更易相互理解、支持和交流。通过分享相似经历,成员能够相互启发,促进自身问题的解决,辅导效果通常较为显著。

2.异质性团体心理辅导

异质性团体心理辅导,指的是针对问题类型不同,年龄、身份、背景差异较大的成员开展的团体心理辅导。由于成员间差异显著,此类团体在建立互信关系,营造包容、理解与支持的团体互动氛围方面存在一定挑战,因此,对领导者的专业能力要求较高,其经验、专业水平需得到成员认同,并要有能力掌控团体发展的方向,有效解决团体中随时可能出现的问题,因此,一般在学校团体心理咨询中不常用。然而,在这种团体心理辅导中,可能会出现对问题的不同见解,也可能会受到不同因素的影响,因此,可以促使成员拓展思路,从多角度认识问题、审视自我,获得意外的启发,使成员的人格得到完善。

(三)封闭式团体心理辅导与开放式团体心理辅导

根据辅导过程中成员的固定程度,团体心理辅导可以分为封闭式团体心理辅导和开放式团体心理辅导两种类型。

1.封闭式团体心理辅导

封闭式团体心理辅导,是指成员从始至终固定不变,领导者可按预期计划有序开展辅导活动。这种团体由于成员稳定,有助于形成团队凝聚力和安全的心理环境,领导者也较容易掌控。学校心理健康教育工作中通常使

用这种团体心理辅导形式。

2. 开放式团体心理辅导

开放式团体心理辅导的成员流动性较大,从团体形成到团体结束均可能存在成员方面的变动。成员的兴趣、权利会得到极大的尊重,他们可以随时根据个人意愿选择加入或是离开团体。当然,成员的不断变化也可能会对团体整合状态及团体气氛产生较大的影响。在辅导过程中,一方面,成员会不断获得新经验,得到启发与成长;另一方面,一些成员也会缺乏安全感,难以适应。这种团体心理辅导对领导者的专业水平要求较高。

除上述常见分类外,根据团体对象的不同,团体心理辅导还可以划分为儿童团体心理辅导、青少年团体心理辅导、成人团体心理辅导等;根据所依据的主导理论的不同,团体心理辅导还可以划分为精神分析团体心理辅导、行为主义团体心理辅导、会心团体心理辅导等不同类型。

第二节 团体心理辅导的功能与操作原则

团体心理辅导越来越被人们所关注和重视,应用领域越来越广泛,很大程度上源自其所具有的积极功能。

一、团体心理辅导的功能

(一)预防功能

在团体心理辅导过程中,领导者可以通过对个体心理发展规律的分析,针对其成长阶段可能会遇到的共性困惑与压力,提前设定方案予以帮助和指导,发挥预防功能,避免问题发生。

例如,在大一初期阶段,由于生活环境、教育特点、管理方式等方面的变化,一些学生会觉得较难适应;在宿舍集体生活中,由于不同的生活经历、生活习惯,一些学生容易产生人际交往困扰;由于发展目标不清晰,成功体验的缺失,一些学生容易情绪消极,行动倦怠;由于对恋爱充满好奇与向往,但尚未确立正确的恋爱观,缺乏沟通技巧,一些学生容易为情所困……这些都是学生在成长过程中不可避免的问题,若不能及时、妥善地处理,都有可能使其身心健康发展受到阻碍。针对大学生这些共性的心理发展需求,团体心理辅导就可以发挥作用,领导者可以提前对他们进行帮助与指导,使其在问题发生之前就掌握处理心理困惑的方法与技巧,提高其独立解决问题的能力,从而避免心理问题的产生,帮助其顺利度过发展的必然阶段。

(二)教育功能

团体心理辅导以互动为平台,通过成员间的交流分享与领导者的引导反馈,帮助成员观察他人、剖析自己、习得经验、完善自我。应该说,这是一种教育与自我教育相结合的模式,对成员构建正确认知、完善自我意识及提高社会适应能力具有积极影响。

(三)发展功能

团体心理辅导的根本目的在于促进个体心理健康发展,这是健康心理学发展理念的充分体现。在团体心理辅导过程中,在助人氛围和领导者的专业指导下,成员能够丰富心理健康知识,积累社会适应经验,纠正自我认知偏差,激发潜能,积极面对各种问题,最终实现心理成长与人格完善。

(四)治疗功能

团体心理辅导的情境贴近现实生活,并以此为基础,帮助成员解决心理困扰与纠正行为心理偏差,容易取得实效。在团体中,成员可能会因发现问题的普遍性而勇于面对困扰,通过互助反馈看清问题本质,在相互支持中获得解决路径。从这一意义上来说,团体心理辅导具有治疗的功能。

二、团体心理辅导在学校心理健康教育工作中的意义

目前,团体心理辅导已成为学校心理健康教育工作的重要形式,应用广泛,且日益受到重视。这与其自身所具有的重要意义密不可分。

(一)提供安全、支持的心理环境

由于心理健康教育工作在我国起步较晚,人们对其内涵与作用的认识尚不全面。一些人虽有心理压力需要排解,渴望得到心理帮助,但害怕寻求专业帮助会被误解或嘲笑,因此,常常自我压抑,导致问题愈发严重。特别是对于成长中的大学生来说,他们自尊心强、较在意别人的看法,遇到心理困惑时往往谨小慎微,缺乏寻求帮助的主动性。在这样的背景下,团体心理辅导可为他们提供帮助,使他们发现问题的普遍性,从而降低心理防御水

平,减少自责和焦虑,有效激活他们参与心理健康教育活动的主动性。此外,团体心理辅导注重营造温暖的助人氛围,置身于团体中的成员会感受到尊重、认同、理解与支持,这进一步增强了他们的心理安全感,促使他们积极参与心理健康教育活动。

（二）提供适应社会的练习情境

一个人要想清楚地了解自己最好到团体中去,要想改变和完善自己最好到团体中去,要想实现自我的价值最好到团体中去。[①] 团体心理辅导为成员提供了模拟社会的实验室和练习场。在参与团体活动的过程中,成员习得社会经验,还能在自助与互助的过程中分析、理解、应用和巩固这些经验。通过与其他成员的交流和分享,成员可以交换经验、尝试新行为,练习如何调整自己的期待、提升行动效能、有效适应社会。

（三）矫正认知,构建理性思维方式

团体心理辅导面向有共性心理需求的成员。由于问题的共性,成员在彼此交流与分享的过程中,会转换视角,重新审视自己的问题,并从他人的经验中借鉴调适自我的方式与策略。这不仅为他们提供了了解他人的机会,还为他们搭建了一个重新认识自我、梳理问题、认清观念、矫正认知的平台。其实,许多心理问题的产生,都是源于思维方式与观念的不合理。在这样一个交流、学习的平台上,成员有更多的机会客观地认识自我、探索自我的问题,并发现自己在思维方式和观念方面存在的问题。这促使他们积极调整、主动矫正,重新构建理性的思维方式,为改变自我、形成健康心理状态创造条件。

（四）唤起希望,提升自我效能感

在团体心理辅导的过程中,成员会发现自己与其他成员之间问题的共同之处与普遍性,体会到领导者对其问题解决所给予的帮助与支持。这会降低成员的心理防御水平,使他们感受到接纳与支持,对自己的心理成长充满希望。同时,看见其他成员的进步与成长,他们也会受到启迪,增强信心。辅导过程中领导者的关注与反馈会使成员得到尊重与肯定,感受到亲密感与认同感。总之,团体心理辅导过程中的这些经历与感受都会对成员产生

---

① 樊富珉.团体心理咨询[M].北京:高等教育出版社.2005:7.

积极的影响,激发他们的信心,增强其自主性和自我效能感。

(五)营造心理健康教育工作的良好氛围

由于团体心理辅导受众广,形式生动灵活,易于激发广大学生参与的热情,非常适合在学校心理健康教育工作中推广与应用。这对于扩大心理健康教育影响范围,提高心理健康教育的成效,营造人人关注心理健康教育的良好氛围具有积极作用。

三、团体心理辅导的操作原则

为切实发挥团体心理辅导的功能,有效达到预期目标,在具体辅导过程中,应遵循下列原则。

(一)专业性原则

为保证团体心理辅导操作的规范性和有序性,领导者必须接受系统、专业的学习与培训,掌握心理辅导专业理论与操作技巧。领导者应能够有计划、有组织地启动团体活动,并使其向纵深发展,以确保成员在辅导过程中有所受益。因此,团体心理辅导操作过程的专业化程度要求较高,不能随意而为。

(二)发展性原则

团体心理辅导应促进团体发展,以成员发展为目标。领导者应以动态的视角认识成员、掌控团体,并通过情境创设和技术运用推动团体运作与成员发展,同时,领导者应对团体的发展方向和可能产生的变化具有预见性。

(三)尊重性原则

团体中的成员在人格特点、心理状态、能力水平等方面存在差异,个别成员可能不被其他成员接纳或欢迎。但是,无论团体成员的特质如何,领导者都应持积极关注、真诚、共情的基本态度。领导者应对全体成员一视同仁,关心、理解和接纳他们,向他们表达尊重和信任,以促进成员的自我接纳以及彼此间的认同和信任,从而增强其参与团体心理辅导的主动性。

(四)启发性原则

团体心理辅导以助人自助为目标,辅导的全程都应注意激发成员的内在动力。领导者应创设情境,引导成员积极参与团体互动,在交流与分享中

学会自我分析、自我管理和自我教育,从而促使其真正实现自我成长。

(五)保密性原则

保密性原则是心理辅导的基本原则。作为心理咨询的一种重要形式,团体心理辅导也必须严格遵守这一原则。尤其是在团体心理辅导过程中,成员会表达内心的感受,希望得到尊重并为其保密。然而,由于团体成员众多,即使强调了保密性要求,也仍可能会出现成员有意或无意间泄露他人隐私的情况,导致一些成员受到伤害,失去对团体的信任。因此,在团体心理辅导的过程中,领导者必须慎重处理有关保密的问题,通过制定团体规范、反复强调保密的重要性及基本要求等方式,增强全体成员的保密意识,避免成员受到伤害。

(六)整合性原则

团体心理辅导是团体动力学和心理咨询理论有机整合的运用过程,涉及心理咨询、社会心理学等多种专业理论与技巧,并非简单应用某一种技术就能取得成效。因此,领导者应注重丰富专业知识,拓宽专业视角,并在操作中具备整合意识,综合运用各种理论、方法与技术,发挥其各自优势,整合最佳力量以推动团体运作。

第三章 朋辈团体心理辅导的基本理论

随着学校心理健康教育理论与实践研究的深入发展,朋辈团体心理辅导日益成为一种被广泛运用的心理健康教育形式。顾名思义,朋辈团体心理辅导是朋辈心理辅导与团体心理辅导的有机结合,是团体心理辅导在朋辈心理辅导过程中的具体应用。那么,这究竟是一种怎样的辅导形式?对学校心理健康教育工作的开展具有什么样的作用?在具体实施的过程中又有哪些具体要求呢?

第一节 朋辈团体心理辅导的概述

一、朋辈团体心理辅导的定义

朋辈团体心理辅导,是指以团体心理辅导活动为载体所进行的朋辈心理辅导。具体来说,是指由接受过专业培训的朋辈心理辅导员对与其年龄、身份相当的伙伴、同学以团体工作为基本形式进行的心理辅导。

在高等院校中,朋辈团体心理辅导主要是在学生之间进行的一种心理辅导。它兼有朋辈心理辅导和团体心理辅导的特点,受众广、效率高,对增强学生参与心理健康教育的自觉性、弥补高等院校心理健康教育工作专门人员不足的实际情况具有重要作用。

二、朋辈团体心理辅导的特点

朋辈团体心理辅导融合了朋辈心理辅导与团体心理辅导的特点,具体表现为以下几个方面。

（一）主体性

朋辈团体心理辅导以学生为对象，以学生发展为目标，更以学生为辅导主体。学生的作用在辅导过程中可以得到有效发挥，主体性得到充分体现。这也正是学校心理健康教育工作发展的大趋势。正如有学者所说，21世纪的心理咨询与治疗领域将兴起"自力更生"的热潮，其所强调的就是自我改善、自助、互助等模式的广泛运用。朋辈团体心理辅导的主体性特点就彰显了这一发展方向。

（二）自助性

朋辈团体心理辅导是一种在互助中自助的辅导形式。在辅导的过程中，朋辈团体心理辅导员会在团体情境下，通过互助平台，帮助辅导对象澄清问题、习得经验、改善行为，获得自我调适心理状态的方式与技巧。在帮助辅导对象成长的过程中，辅导员本身也会通过辅导前期的准备、辅导过程中对辅导对象的启发以及辅导结束后他们的成长和变化，积累经验，从而不断调整自我状态，实现自我完善。

（三）广泛性

朋辈团体心理辅导，无论是从辅导员队伍建设，还是从辅导受众的角度来看，都会吸引相当多的学生参与到这个过程中。这在一定程度上会扩大心理健康教育工作的覆盖面，使其影响更加广泛。

（四）即时性

朋辈团体心理辅导主题的选择、目标的确定除了应遵循学生心理发展的一般规律之外，还要考虑学生中出现的一些共性现象或共性问题。对于这些状况，学生掌握的信息要比教师更直接、更具体、更准确。凭此所确立的辅导主题往往也更具针对性和实效性，更容易被学生所接受和认同。

三、朋辈团体心理辅导在学校心理健康教育工作中的重要性

朋辈团体心理辅导日益成为学校心理健康教育的重要形式，其存在的必要性是不容忽视的。

（一）有助于增强学生参与心理健康教育工作的主动性

朋辈团体心理辅导以学生为辅导对象，同时也以学生为辅导主体。在

辅导过程中,强调学生的自我成长、自我完善,注意创设情境,使学生的能动作用得到充分激活与发挥。这对于增强学生心理健康意识、调适心理及构建健康状态都具有积极的作用。

(二)有助于丰富学校心理健康教育形式

学校心理健康教育工作能否取得实效,很大程度上取决于其形式能否贴近学生心理发展实际,是否符合学生心理成长规律、满足学生心理需求。朋辈团体心理辅导这种形式生动活泼,符合学生心智发展规律。辅导双方易于彼此接纳、相互理解和交流,会使参与辅导的成员心理轻松,产生对辅导团体的认同感与归属感。这于单纯由心理健康教师所开展的教育活动而言,不仅是一种补充,更是一种易于被学生所接受的重要形式。

(三)有助于扩大学校心理健康教育的覆盖面

朋辈团体心理辅导可以同时对多位学生进行心理帮助,效率高,影响广,与一对一的个别心理辅导相比,这无疑拓宽了受益面,扩大了积极影响的范围,也有利于学校心理健康教育工作的全面渗透与普及,对于切实增强心理健康教育工作实效具有积极意义。

(四)有助于学校心理危机干预机制的完善

为积极促进广大学生心理健康成长,学校心理健康教育工作应面向全体,立足教育,重在预防,尤其是对危机事件进行预防。朋辈团体心理辅导员在团体心理辅导的情境下,与学生广泛接触,有利于及时了解学生的心理、思想、行为等方面的变化,迅速捕捉其心理发展的动态与信息。此外,学生之间的信息传递具有直接性,沟通交流简便,干预影响灵活,对于危机问题可以做到早发现、早干预、早解决。这对于进一步构建学校心理危机干预体系,完善学校心理危机干预机制是非常有利的。

第二节　朋辈团体心理辅导员

朋辈团体心理辅导是否成功受多种因素影响,但其中最核心、最关键的因素是作为团体组织者与领导者的朋辈团体心理辅导员。正如樊富珉、何瑾在《团体心理辅导》一书中所强调的,团体领导者是团体辅导成败的关键因素,其素质、知识、技术、能力、经验等直接成为团体辅导的主要影响因素。①

一般来说,高校中的朋辈心理辅导员队伍主要由学生骨干组成,包括学生心理健康社团成员、班级心理委员、寝室心理信息员以及其他有助人意愿和助人能力的学生。部分高校设有心理学或心理咨询相关专业,相关专业的学生通常也会成为朋辈心理辅导员队伍的主要成员。然而,由于朋辈团体心理辅导的专业化属性,符合上述条件的学生不一定都适合成为朋辈团体心理辅导员,还需要经过认真选拔与培养,同时帮助其明确自己的角色与功能定位。

一、朋辈团体心理辅导员的选拔与培养

(一)朋辈团体心理辅导员的选拔

朋辈团体心理辅导员的选拔一般遵循个人意愿、系部推荐、学校心理健康教育机构审核的方式进行。首先,学校可以通过海报、校园网、说明会等方式说明朋辈团体心理辅导的性质与特点,朋辈团体心理辅导员的任务、职责与条件要求,启动招募工作。在此基础上,通过系部了解、面谈筛选、知识技能考核等环节,对报名者的思想素质、心理健康状况、心理健康知识、开展朋辈团体心理辅导的能力水平等进行综合考量,从而选拔符合条件的学生成为朋辈团体心理辅导员。

(二)朋辈团体心理辅导员的基本条件

1.朋辈团体心理辅导员的人格特质

作为朋辈团体心理辅导的领导者,朋辈团体心理辅导员自身的人格特质对辅导活动的开展及辅导目标的达成具有深远影响。

(1)具有乐观的情绪和健康的心理状态

作为朋辈团体心理辅导的领导者,辅导员的情绪和心态时刻影响着辅导对象的心理体验。因此,若想给予辅导对象积极的影响和正向的能量,辅导员自身必须保持心理健康。此外,在朋辈团体心理辅导过程中,随时可能遇到意想不到的困难与阻碍,例如冷场,辅导对象抵触、沉默或不投入等。

---

① 樊富珉,何瑾.团体心理辅导[M].2版.上海:华东师范大学出版社,2022:38.

无论遇到何种特殊情况或压力,辅导员都必须保持冷静、理性,情绪稳定,乐观豁达,才能掌控全局,向辅导对象传递积极的影响。

(2)具有良好的洞察力和敏锐的自我意识

朋辈团体心理辅导员若想真正掌控团队并使辅导过程顺利推进,必须善于观察,及时、准确地捕捉团体的动态信息,了解辅导发展状态及辅导对象的情绪、认知、积极性与互动关系的变化,及时、科学、合理地调整辅导计划,有效应对各种问题,为辅导活动的顺利开展提供有力保障。同时,朋辈团体心理辅导员还应该具有敏锐的自我洞察力,对自身的知识储备、能力状态、技术擅长、身心状况等方面有客观、理性的认识。只有准确把握自我,才能处理好与辅导对象、辅导主题及辅导目标之间的关系,充分发挥个人优势,促进辅导对象的成长与发展。

(3)具有合群性和责任意识

朋辈团体心理辅导员需要在团体情境下与辅导对象充分交流与互动,为其提供帮助与服务。因此,辅导员应具有合群性,能够与辅导对象建立起和谐、融洽的良性人际互动关系,以获得他们的信任。同时,辅导员还应具有责任意识,关注辅导对象的心理安全与成长进步,及时解决其内心困惑与情绪困扰,始终以促进辅导对象成长为己任,积极开展帮助活动。

(4)具有学习意识和发展需求

朋辈团体心理辅导讲究专业化的操作,领导者需要具备一定的专业素养才能胜任。因此,作为团体领导者的朋辈团体心理辅导员应树立学习意识,积极主动地进行专业探讨与学习,丰富心理学、心理辅导、朋辈团体心理辅导等学科的基本理论,掌握与心理辅导相关的专业技术与方法,不断提升个人修养与技能水平。只有这样,才能真正满足朋辈团体心理辅导的需求,为辅导对象的发展提供有效引领。

(5)具有良好的思想修养,恪守辅导伦理

作为辅导活动的直接领导者,朋辈团体心理辅导员在辅导对象中起到了榜样示范的作用。辅导员的思想修养与道德水准不仅影响辅导对象的心理发展,也影响辅导过程及辅导实效。因此,朋辈团体心理辅导员需自觉加强道德建设,主动提高思想修养,力求成为辅导对象的榜样和楷模。在朋辈团体心理辅导过程中,辅导员还应恪守辅导伦理。例如,坚持辅导对象利益优先,要保证他们对辅导过程知情同意,真正为辅导对象的发展着想,认真

履行职责,遵守保密性要求,尊重其诉求和隐私等。

2.朋辈团体心理辅导员的专业知识与技能

朋辈团体心理辅导员虽然不是专业的心理健康工作者,但由于其具有半专业或准专业的特质,辅导过程中必须讲究科学性,因此需要具备一定的与心理学、心理辅导相关的专业知识和辅导操作的专门技能。

(1)了解大学生心理发展特点。

(2)明确大学生常见心理问题类别、表现、成因及调节策略。

(3)了解大学生心理健康、心理咨询、朋辈心理辅导、团体心理辅导的基本知识。

(4)掌握心理咨询、朋辈心理辅导和团体心理辅导的基本技能。

(5)能够初步进行心理危机的识别与干预。

(6)明确心理咨询、朋辈心理辅导的操作伦理。

为了增强朋辈团体心理辅导的实效,辅导员还应具备团体心理辅导的直接经验。例如,作为成员参与过朋辈团体心理辅导,或作为领导者进行过朋辈团体心理辅导的演练。当对朋辈团体心理辅导形成直接的认知与体验后,辅导员才会对整个辅导过程有更清晰的预见,充分理解辅导对象的心理需求以及在辅导过程中可能遇到的问题,从而提前做好相关准备,确保辅导预期目标的达成。

二、朋辈团体心理辅导员的角色

在朋辈团体心理辅导的过程中,辅导员扮演着多重角色,任何一种角色的发挥状态都会直接影响辅导效果。

(一)团体的引领者

朋辈团体心理辅导员首先要扮演好团体引领者的角色,这是其最基本的角色定位。作为团体的引领者,朋辈团体心理辅导员需要组建团队,明确辅导活动目标,设计并规划辅导活动运作。辅导员要创设情境,促进辅导对象之间的交流与互动,增强团体凝聚力,引导成员认清自我,提升效能,实现心理成长。只有辅导员切实扮演好"引领者"这一角色,充分发挥对辅导团体发展的领导功能,才能准确把握团体发展方向,带领辅导对象达成既定辅导目标。

（二）辅导对象的好朋友

朋辈团体心理辅导员虽是团体的引领者，但并非团体的独裁者。辅导员必须善于与辅导对象有效沟通、交流与合作，善于向其表达关心、理解、尊重与支持。辅导员要能够与辅导对象构建和谐互动关系，成为其信任、接纳的朋友与伙伴。在民主、平等、心理相容的基础上，辅导员才能获得辅导对象的认同，降低其心理防御水平，如此，才能有效促进辅导对象的心理成长。

（三）辅导活动的协调者

为保证朋辈团体心理辅导顺利开展，朋辈团体心理辅导员需与许多相关机构和部门沟通与协调，以有效调动支持力量，整合相关资源。例如，辅导场地的安排、辅导时间的确定、相关活动道具与设备的协调准备，以及成员身心安全的保障等。同时，在辅导过程中，成员的期待、观念、经验、人格特质各不相同，也需要辅导员能够主动探索成员之间的关系和不同意见、需要和经验等①，以便调和差异，聚合焦点。在这一过程中，朋辈团体心理辅导员要成为辅导活动的协调者，对各个方面进行规划、统筹与安排，切实保证朋辈团体心理辅导有序开展。

（四）辅导过程的专家

在朋辈团体心理辅导过程中，辅导员要能有效运用专业知识与技术，为辅导对象成长、辅导团体发展提供积极有效的指导和建议，还要帮助辅导对象认清自我、解决问题。因此，在朋辈团体心理辅导过程中，辅导员必须具备专家的角色特点，拥有丰富的理论知识和实操技能，提供的指导和建议要科学、客观、有效，让辅导对象在辅导过程中真正有所收获。

三、朋辈团体心理辅导员应处理好的角色关系

在实际开展朋辈团体心理辅导的过程中，辅导员需扮演多重角色，然而角色之间有时难免产生冲突与矛盾，这就要求辅导员理性分析、灵活处理。

（一）引领者与好朋友的关系

朋辈团体心理辅导员作为团体的引领者，需发挥领导职能，指导并规划辅导对象的发展方向以及辅导团体的运作流程。但与此同时，辅导员还应

---

① 樊富珉，何瑾.团体心理辅导［M］.2版.上海：华东师范大学出版社，2022:46.

成为辅导对象的好朋友,给予他们包容、接纳和友善。这就要求辅导员要把握好分寸和尺度,能够高效地进行角色转换,既要具备驾驭全局、掌控团体的能力,又要赢得辅导对象的信任与支持。需要注意的是,在辅导过程中,辅导员的态度及使用的方法和手段都需讲究,既不能简单粗暴,也不能过度放任纵容,要保证辅导氛围和谐、有序。

(二)局内人与局外人的关系

为了实现与辅导对象的心理相容,朋辈团体心理辅导员应将自己视为团体的一员,真正融入其中,努力与辅导对象进行心理互动,共同成长进步。但同时,辅导员不能忽视了自身领导者的身份,不能一味地受团体氛围和辅导对象要求的左右,要能够坚守自我,秉持价值中立原则,实现"局内"与"局外"的有效转换。辅导员既要能深入团体,与辅导对象互动交流,还要保持冷静与中立,理性处理团体中的各类问题,如此才可能真正发挥团体领导者的作用。

(三)辅导员中心与辅导对象中心的关系

朋辈团体心理辅导是在辅导员的引领下,积极推动辅导对象心理成长的过程。这一过程需要发挥辅导员的功能,以其为核心促进辅导对象成长和团体发展。但要注意的是,辅导过程要以辅导对象为重点,以其发展为目标。因此,领导者既要发挥对团体的掌控力,成为团体的核心,又要树立服务意识和责任意识,围绕辅导对象的发展这一核心来设计活动、开展辅导。

不难看出,在朋辈团体心理辅导过程中,朋辈团体心理辅导员的角色多样化又具有冲突性,这充分说明了朋辈团体心理辅导员对整个辅导团队以及辅导对象个体发展有着深远影响。同时,这也反映出,朋辈团体心理辅导员作为团体领导者,提升自身素质的重要性。

四、朋辈团体心理辅导员的功能

(一)构建良性人际互动关系

朋辈团体心理辅导是在团体工作情境下开展的心理辅导,其效果与辅导对象之间的互动状态、人际关系的和谐程度密切相关。因此,朋辈团体心理辅导员需充分认识到这一点,在辅导过程中积极促进辅导对象之间的沟通、交流与合作,搭建信任、民主、友善的良性人际互动平台,以推动辅导团体助人氛围的积极营造。

（二）引领辅导对象心理成长

在朋辈团体心理辅导过程中，辅导员最基本的功能在于促进辅导对象的心理成长。因此，辅导员要积极参与到团体中，通过有效运用心理学理论、心理辅导技术和方法，帮助辅导对象学习并实践新的社会经验与行为方式，有效解决问题，切实实现心理成长。

（三）为辅导对象提供帮助与指导

朋辈团体心理辅导以促进辅导对象自助为目标，但这并不意味着让他们自行摸索、发现和解决问题。在关键时刻，辅导员的适时介入、恰当解释、积极指导与建议，对辅导对象的心理发展有着不可替代的作用。当然，辅导员也要把握好分寸，为辅导对象独立解决问题、自我成长留出充足空间，充分体现"每个人是自己心理健康第一责任人"以及"以跟为主，以领为辅"的基本理念。

五、朋辈团体心理辅导员的培养与个人成长

（一）朋辈团体心理辅导员的培养

为确保朋辈团体心理辅导员能有效发挥功能，对其进行常态化的专业培训与督导十分必要。学校心理健康教育机构应制订具体的培养计划，在朋辈团体心理辅导员上岗前和上岗后，从知识、技能、操作伦理等维度开展持续性专门培训。同时，针对他们在个人成长及辅导过程中遇到的问题和困惑，由专业教师及时给予具体、专业的指导，并提出有效的意见与建议，以此切实帮助他们提升辅导成效，实现专业成长。

（二）朋辈团体心理辅导员的个人成长

在朋辈团体心理辅导过程中，辅导员的个人特质、专业素养、能力水平和价值取向，必然会在潜移默化中对团体发展及辅导对象的成长产生影响。因此，朋辈团体心理辅导员还需自觉遵守心理辅导操作的伦理要求，不断提升和完善自我。只有具备良好思想素养、道德品质和专业能力的辅导员，才能在朋辈团体心理辅导过程中真正发挥引领作用，积极促进辅导对象的人格完善与心理品质提升。为切实有效地促进辅导对象发展，推动辅导团体

顺利完成预期计划与目标,辅导员必须重视个人成长,不断提高自身能力。

1. 客观评估自身能力,确定成长计划

辅导员应对自身的知识储备、经验水平、能力状况、技术专长、人格特征等有清晰的认知,可通过自我剖析与他人反馈进行客观评估。辅导员要对照朋辈团体心理辅导的操作要求,从态度、动机、基本认识、技术需求等方面了解自身技能水平状况,并据此制定个人发展目标与计划,为能力提升提供依据和条件。

2. 明确专业成长线索,实现技能养成系统化

辅导员在朋辈团体心理辅导技能发展过程中,应以适应操作要求为目标,以技能发展为主线,明确专业成长体系,将能力锻炼内容细化为基础理论、专项技能、综合技能等几大模块。辅导员应从朋辈团体心理辅导基本理论、成员招募、破冰启动、结构式练习、辅导方案的设计与实施,到后续评估等方面逐一突破,领悟巩固,以使锻炼线索更清晰,技能成长更迅速。

3. 主动参与朋辈团体心理辅导的操作练习,促进专业能力发展

辅导员应充分认识到个人成长对团体运作和辅导对象发展的重要作用与影响,主动增强参与专业学习的自觉性,培养对朋辈团体心理辅导技能训练的认同感和锻炼的主动意识,积极参与团体心理辅导操作练习。在实践情境中,辅导员应消化、理解基本理论,开展案例研讨,以辅导对象和辅导员的不同角色深度参与朋辈团体心理辅导的全过程,切身体会辅导对象内心的需求与感受,预测可能会出现的问题。此外,辅导员还应进行朋辈团体心理辅导操作预演,在指导教师和其他辅导员的帮助下修正、完善辅导方案。在此过程中,朋辈团体心理辅导员应不断地进行自我剖析与反思,深入理解辅导的操作要求,客观评估自身能力状况,以持续提升朋辈团体心理辅导的操作水平。

4. 拓宽信息渠道,及时了解自身能力发展状况

为迅速适应朋辈团体心理辅导的操作要求,辅导员在自我反思的同时,应端正态度,虚心听取督导教师、其他朋辈团体心理辅导员、辅导对象、辅导过程中的观察员以及其他相关人士的意见与建议。辅导员应从朋辈团体心理辅导操作计划的制订、实施过程的开展,到辅导对象在整个辅导操作过程中的反应、表现及辅导结果等方面,综合评定自身能力与水平,以便客观认

识自我,及时调整努力方向,迅速实现成长,为有效胜任朋辈团体心理辅导员做好充分准备。

第三节　朋辈团体心理辅导中的常见问题及应对策略

虽然朋辈团体心理辅导有诸多优点,但由于辅导员身份的特殊性及辅导操作的准专业性,在实际辅导过程中难免会出现一些问题。

一、朋辈团体心理辅导过程中的常见问题

在朋辈团体心理辅导过程中,影响辅导效果的问题可能来自辅导员,也可能来自辅导对象。

(一)来自朋辈团体心理辅导员的问题

1. 专业储备不足,辅导过程流于形式

(1)过分强调团体心理游戏在朋辈团体心理辅导中的作用,以游戏贯穿辅导全程

为降低辅导对象的心理防御水平,营造宽松的团体氛围,有效增强团体认同感和凝聚力,辅导员在朋辈团体心理辅导过程中常运用一些团体心理游戏。通过引导辅导对象参与游戏,搭建互动平台,积极促进成员之间的交流、启发与互动,以实现其心理成长。然而,游戏只是朋辈团体心理辅导的手段,并非目的。在实践中,一些辅导员热衷于团体心理游戏的应用与实施,却忽视了游戏后辅导对象的体验、交流与分享,不能及时引领辅导对象深入探索问题、升华主题。这常常导致朋辈团体心理辅导过程变成单纯的游戏过程,过度关注气氛,使辅导流于形式,辅导对象在游戏后很难获得心理上的启迪与收获。

(2)急于达成辅导目标,使辅导过程变为说教过程

朋辈团体心理辅导是创设情境,引导成员体验、感悟、自我探索,以实现其自助成长的过程。辅导员在这一过程中应发挥帮助、引导的功能。但一些辅导员急于实现预期目标,常常忽略辅导对象的能动作用和探索过程,以及其具有的价值取向,急于对辅导对象进行说服教育,用个人观点左右他们

的思维方向,强迫其接受既定目标,从而将辅导过程变成说教过程,引起辅导对象的反感,辅导效果难以保证。

2.语言缺乏感染性,不能准确表达辅导意图

受个人修养、知识储备、实践经验等因素影响,一些朋辈团体心理辅导员的语言表达不尽如人意。有的辅导员语言苍白、空洞,既不能有效带动团体氛围,也不能及时向辅导对象传递心理层面的理解与关注。还有的辅导员语言表达内容贫乏,缺少深度、力度和感染性,更无法整理、提炼辅导对象的分享与感悟并有针对性地给予积极反馈。因此,这些辅导员常常难以准确表达辅导意图,从而积极营造团体氛围,导致辅导对象对辅导活动本身丧失兴趣与信心。

3.领导者角色模糊,辅导过程随性

由于与辅导对象年龄相仿、身份相同,一些朋辈团体心理辅导员在辅导过程中常常模糊自己的领导者角色。他们可能对辅导对象迁就、放任,不敢或不能通过团体规范主动构建良好的团体状态和活动秩序,也可能对辅导过程中出现的破坏秩序的情况,不能及时、有效地予以控制和处理,导致辅导过程随心所欲,辅导秩序混乱,预期目标自然难以达成。

4.知识运用不灵活,缺乏应对措施

在正式辅导前,辅导员需经过系统、专门的培训与学习,掌握一定的专业知识,并对辅导方案、流程、计划等做好充分的设计与准备。但即便如此,部分辅导员对知识掌握死板,未能有效理解和转化,对辅导操作仅停留在理论层面。还有的辅导员过分依赖前期计划,心理反应刻板,对于现场出现的变化、辅导对象的预期外反应不知所措,缺乏应对措施和操作的灵活性。尤其是当辅导团体的发展与计划不一致、辅导对象反应超出计划预期或者出现临时性状况(如辅导对象之间发生争执、冲突、不配合等情况)时,辅导员更是会束手无策。

(二)来自辅导对象的问题

1.不了解朋辈团体心理辅导这种教育形式,持观望态度

尽管在朋辈团体心理辅导初期,辅导员一定会向辅导对象介绍这种辅导形式的内涵和特点,阐明开展辅导的目标与意义,但一些辅导对象对其认识依然模糊,对其运作方式缺乏了解。尤其是在朋辈团体心理辅导过程中,

常采用团体心理游戏等动态活动形式,这会使一些人错误地认为,这些活动的目的仅仅是"玩",将辅导过程简单地看作是放松身心的休闲活动或普通的课外活动,无法准确认识和理解朋辈团体心理辅导的功能与价值。他们抱着"玩一玩、看一看"的心态参与朋辈团体心理辅导,不愿进行心理上深层次的自我探索与交流分享。

2. 不信任朋辈团体心理辅导员,心理防御性强

在朋辈团体心理辅导过程中,辅导员通常与辅导对象是同学或朋友关系。虽然经过专业的培训与指导,辅导员具备一定的专业知识和操作技能,但因其身份特殊,仍难免遭到质疑。一些辅导对象对辅导员缺乏应有的信任和认同感,在辅导过程中常常表现出挑剔、对立的态度,配合度和参与热情不高,进而影响辅导效果。

3. 存在人格偏差,影响辅导进程

不是所有人都适合参与朋辈团体心理辅导。辅导进程能否顺利推进与辅导对象的人格特质密切相关。只有辅导对象乐于表达,乐于参与,乐于与其他成员分享、交流和互动时,才能营造出一个安全且有助于心理成长的良好氛围。然而,一些辅导对象存在人格偏差,例如极端内向、敏感、以自我为中心,或者具有较强的攻击性、表现欲。这类辅导对象不仅自身很难积极投入到朋辈团体心理辅导中,还常常影响其他辅导对象的情绪以及朋辈团体心理辅导员的工作,甚至可能打击辅导员的自信心,给其他辅导对象造成心理伤害,阻碍整个辅导过程的推进。

4. 缺乏参与辅导的自愿性,积极性难以被激活

朋辈团体心理辅导的对象招募一般遵循自愿性原则。但在辅导实施的过程中,有些成员并不是自愿参与的。例如,有时为充分发挥朋辈团体心理辅导的预防性功能和教育性功能,会针对学生中出现的共性问题或他们成长过程中的共性心理需求,以班级或寝室为单位开展辅导活动。有时,一些学生因表现出心理问题倾向,会被辅导员或心理咨询老师建议、转介来参与朋辈团体心理辅导。由于这些成员并非主动、自愿参与心理辅导,所以在辅导过程中,他们的心理防御性会比较强,常常不能积极参与活动,甚至产生对立情绪,游离于辅导过程之外。

二、朋辈团体心理辅导中常见问题的应对策略

（一）加强宣传和教育，使广大学生对朋辈团体心理辅导形成正确认识

为充分调动朋辈团体心理辅导员的工作积极性，激发广大学生参与朋辈团体心理辅导的热情，学校在开展心理健康教育工作时，应加大对心理健康知识的普及与宣传力度，增强广大学生对心理健康教育工作重要性以及心理健康教育形式多样性的正确认识与理解，促使他们端正对朋辈团体心理辅导的态度，从而积极主动地参与辅导过程。

（二）开展经常性的朋辈团体心理辅导，使学生增强对朋辈团体心理辅导工作的认同感

学校心理健康教育工作应结合学生心理发展实际，有针对性、有计划性地定期组织和开展朋辈团体心理辅导。在朋辈团体心理辅导正式启动前期，应通过网络、海报等宣传载体，积极进行宣传，加深学生对朋辈团体心理辅导的认识和理解。辅导结束之后，应通过辅导对象的体验和收获，影响其他同学，以点带面，扩大朋辈团体心理辅导在广大学生中的影响力，激发更多学生参与辅导活动的热情。

（三）提升朋辈团体心理辅导员的专业化水平，增强朋辈团体心理辅导的实效

朋辈团体心理辅导的影响范围和实效性，在很大程度上取决于朋辈团体心理辅导员的素质和能力。因此，应重视对朋辈团体心理辅导员的选拔与培养。在学生自愿的基础上，借助心理健康状况评定，广泛听取相关学生和教师的意见，挑选心理健康、乐观合群、积极向上，且具有责任意识和服务精神的学生，组建朋辈团体心理辅导员队伍。同时，应由专任教师从心理健康基础知识、团体心理辅导基本理论、操作技巧、职业伦理等方面，对其进行系统的专门培训与指导，帮助他们丰富专业理论知识，掌握实践技巧，为切实增强朋辈团体心理辅导的实效提供支持与保障。

（四）完善对朋辈团体心理辅导员操作的评价体系，切实提升朋辈团体心理辅导员的工作效能

为促进朋辈团体心理辅导员的成长，确保朋辈团体心理辅导取得实效，应重视对其操作全程的客观评估。构建多元化评价体系，围绕辅导计划、辅导过程、辅导效果等方面，从主题选择与理解、团体目标确定、操作程序梳

理、方案完善与修订、操作过程检省等层面,发挥指导教师、辅导对象及相关人员的作用,对辅导员及辅导过程进行客观评估。若发现问题,应及时给予指导和纠正,切实为朋辈团体心理辅导员的专业成长提供有针对性的帮助。

第四章　朋辈团体心理辅导的运作

在实践中，朋辈团体心理辅导的运作是一个发展的、动态的操作过程，由一系列相互联系的阶段构成。作为朋辈团体心理辅导员，必须对这一过程中每个阶段的特征、辅导对象的心理反应以及操作要领进行全面的认识和了解，为确保朋辈团体心理辅导活动取得实效做好准备。

关于朋辈团体心理辅导运作过程的阶段划分，不同学者有不同的观点与主张。结合实践中的感受与体会，一般认为，一个完整的朋辈团体心理辅导过程大致可划分为初创阶段、过渡阶段、问题解决阶段以及结束阶段。这几个阶段是在理论意义上的划分，在实际操作的过程中通常相互交织融合，很难进行严格的区分与界定。不过，在不同阶段，辅导对象的心理状态与辅导员的工作重点会各不相同，还是需要辅导员对此有清晰的认识并做好充分的准备。

第一节　朋辈团体心理辅导的初创阶段

一、朋辈团体心理辅导初创阶段的基本特点

朋辈团体心理辅导初创阶段处于朋辈团体心理辅导的初期。此时，辅导团体初建，辅导对象之间、辅导对象与辅导员之间尚未真正熟悉与了解。辅导对象对朋辈团体心理辅导过程和运作方式也尚不明确、清晰，无论是朋辈团体心理辅导员还是辅导对象，都会存在一定的压力。

（一）团体氛围紧张

在此阶段，辅导员会担心自己能否顺利开展团体活动，能否被辅导对象认可与接纳。对于辅导对象来说，进入一个全新、陌生的团队，内心充满好

奇,但又会忐忑不安。一方面,他们对辅导活动本身,辅导员以及其他成员的背景、性格特点会产生探索的兴趣,希望能更深入了解朋辈团体心理辅导的目标、环节、实施方式与手段等;另一方面,他们又会担心自己能否被其他辅导对象所接纳,能否得到辅导员的理解与认同,能否在辅导过程中真正有所收获,实现成长。同时,他们也会担心自己在团体中是否安全,会不会遇到不必要的麻烦和伤害。因此,本阶段团体的整体氛围比较紧张。

（二）互动沟通表面化

通常在这个阶段,辅导对象对团体、其他成员及辅导员尚处于试探的过程中。他们往往保持一种"公众形象",会表现出社会接受的行为和观点[①],会小心翼翼地与他人沟通、交流,但基本处于试探、谨慎的状态。他们不愿意,也不敢轻易暴露自己的性格特点、问题状态以及内心真实的观点和思想。应该说,此时辅导对象最大的需求是获得心理安全。为此,他们外显的表现未必是其内心真实状态的反映。他们可能会表现得比较含蓄、内隐,有时甚至可能表现出一些让辅导员为难的状态。这与他们当下对团体缺乏了解、存在模糊或错误的认识,或者持有不恰当的期待有一定的关系。

（三）辅导对象心理防御性较强

在本阶段,辅导对象通常会对辅导活动或团体本身持有不确定的期待。他们既感到好奇又会觉得陌生,内心有憧憬,也有焦虑,情绪体验比较复杂。同时,一些成员由于缺乏对团体或朋辈团体心理辅导操作的正确认识与了解,通常会表现出对辅导活动的排斥和抗拒。例如,长时间不说话、不表达想法;不参与相关活动,或参与后不投入;打断他人的发言、转移话题;交流分享时敷衍;等等。甚至有些比较以自我为中心的成员,还可能做出一些破坏辅导秩序和团体氛围的行为,例如,言语带有挑衅性,对其他辅导对象进行攻击和指责,肢体行为和言语过多,或者注意力游离在辅导活动之外等。其实,无论发生哪种情况,对于朋辈团体心理辅导员来说都是一种挑战,都需要其敏锐捕捉相关信息,采取有效措施及时处理。否则,必然会对辅导员的威信、朋辈团体心理辅导的顺利开展造成消极影响。

① 樊富珉,何瑾.团体心理辅导[M].2版.上海:华东师范大学出版社,2022:62.

二、朋辈团体心理辅导初创阶段辅导员的应对策略

针对朋辈团体心理辅导初创阶段的基本特点,辅导员应将积极促进辅导对象交流、互动,营造温馨、和谐、彼此信任的辅导氛围,明确团体规范,整合团体秩序作为工作重点。一是促进辅导对象彼此间尽快熟悉与了解,降低他们的心理防御水平,形成健康、和谐的团体互动气氛;二是阐明辅导目标,说明辅导性质,增强辅导对象对朋辈团体心理辅导的认识与理解;三是建立团体规范,与辅导对象达成思想共识,积极构建良性的辅导秩序。完成上述任务,可以有效增强辅导对象的心理安全感,营造积极有序的良性人际互动关系,为朋辈团体心理辅导的顺利开展奠定基础。为此,朋辈团体心理辅导员可以进行以下操作。

(一)有效利用助长条件,对辅导对象表达接纳、支持与认同

在朋辈团体心理辅导的初创阶段,由于辅导对象的心理安全感不足,非常需要良好的人际氛围对其产生积极影响。在这一过程中,辅导员要注意措辞、表情、语气等语言及非语言信息的运用,有必要充分利用温暖、真诚、尊重和无条件积极关注等助长条件,向他们传递亲切、支持、理解和尊重的信息,表达接纳与包容,让辅导对象体验到被理解、被支持的温馨的人际状态,从而减轻压力和降低心理防御水平,迅速参与辅导活动。

(二)创设轻松、温馨的辅导氛围

在朋辈团体心理辅导的初创阶段,辅导对象普遍是比较紧张的。所以,在这个时期辅导员要创设比较轻松、温馨的辅导情境,以使他们迅速进入辅导状态。例如,播放一些适合辅导主题的背景音乐,在辅导活动室的黑板上绘制凸显辅导活动目标的图画,或者用一些小装饰品对辅导环境进行简单的布置等。让辅导对象一进入辅导场地就能感受到轻松与温馨,对辅导过程产生兴趣与期待。需注意,不要把辅导环境弄得紧张、严肃,以免辅导对象进来后就产生受教育的感觉,进而对辅导产生抵触和排斥情绪,影响其参与兴趣和朋辈团体心理辅导的实效。

(三)创设情境,促使辅导对象快速相识

促使辅导对象迅速熟悉与互动是朋辈团体心理辅导初创阶段的重要任务。为此,辅导员除了要重视辅导氛围的营造之外,还可以通过一些有助于

促进辅导对象交流与互动的团体心理游戏,帮助他们积极开展有效沟通与交流。在这一阶段,较多运用的是引导辅导对象进行自我介绍的游戏、团体破冰或团体暖身的心理游戏。

（四）说明朋辈团体心理辅导的性质,明确辅导目标

为增进辅导对象对朋辈团体心理辅导的认识与理解,辅导员应在辅导的初创阶段,对辅导的基本性质、主题、具体功能进行解释与说明。同时,应说明辅导目标,帮助辅导对象明晰在辅导过程中应该做什么、怎样做以及最后会达到怎样的效果。在这个过程中,辅导员与辅导对象之间要有互动与交流,辅导员要清楚辅导对象的目标期待与心理状态,通过耐心沟通,与辅导对象就团体努力方向达成共识。当然,也可据此对辅导方案做进一步的修订与完善。

（五）形成团体规范,整合辅导秩序

为避免团体在辅导初期出现松散的现象,在朋辈团体心理辅导的初创阶段,辅导员应建立团体规范,以此约束和规范辅导对象的言行和表现。这些规范可以由辅导员直接提出,也可以通过辅导对象讨论达成共识。但是,无论是在哪种情况下形成的团体规范,都应该是被全体辅导对象所接受和认可的,应该具有普遍性,既可以规范全体辅导对象的言行,又不至于使其反感、排斥,或者让他们感觉身心受到伤害。

在形成团体规范的过程中,辅导员应该向辅导对象说明建立规范的意义与作用,以及规范本身对个体心理成长、辅导目标达成所产生的影响,切忌采用生硬命令、强行灌输的方式,以免引发辅导对象的反感,降低他们参与辅导活动的积极性。倘若通过引导辅导对象自主讨论来建立团体规范,辅导员应密切关注讨论时间与现场状况,充分发挥对辅导团体的主导作用。辅导员不能彻底放手,简单地跟随辅导对象的思维,任由他们随意发挥。尤其是当辅导对象观点不一致,或者其提出的观点与辅导要求相悖时,辅导员更需要重视,及时予以处理,引导他们调整思维方向,使其与辅导目标保持一致,避免出现局面失控、现场混乱、难以达成共识的情况。

为方便操作,辅导员也可以采用直接说明规范,或者让辅导对象补充、完成句子的方式来建立团体规范,促使他们达成思想共识。例如:

1. 在朋辈团体心理辅导中,我觉得大家应该＿＿＿＿＿＿＿＿＿＿＿。

2. 我喜欢的团体状态是 _____。

3. 我不希望团体中 _____。

4. 在团体中,如果 _____,我会觉得很安心,愿意敞开心扉。

总之,在朋辈团体心理辅导的初创阶段,辅导对象之间、辅导对象与辅导员之间正在通过互动活动的开展以及辅导员的引领,从不熟悉、不了解,逐渐走向相识相知。在此阶段,团体凝聚力开始逐渐形成,辅导对象对辅导目标逐渐达成共识。但是,这是一个循序渐进的过程,辅导员要有耐心,细致审慎地推进工作,不能操之过急。辅导员要给予辅导对象充足的时间接纳团体,使他们逐步敞开心扉,放松自己,慢慢进入辅导状态。应该注意,在这个阶段,辅导对象之间的信任程度以及他们对辅导本身的了解还比较有限,他们的表现还是比较拘谨、不安和谨慎的。因此,不要强迫他们进行深层次分享和自我暴露,以免让辅导对象感到辅导的压力与威胁,从而对朋辈团体心理辅导产生抗拒和抵触情绪。

第二节　朋辈团体心理辅导的过渡阶段

在朋辈团体心理辅导的初创阶段,经过辅导员的引领,辅导对象彼此之间逐渐熟悉,团体规范基本建立,辅导目标越发清晰,互动关系初步形成,辅导逐渐进入相对稳定的过渡阶段。

一、朋辈团体心理辅导过渡阶段的基本特点

(一)成员的焦虑感和心理防御性不断增强

朋辈团体心理辅导的过渡阶段,是辅导对象开始逐渐接受团体,试图在团体中面对和解决问题的一个缓冲阶段。在这个阶段中,辅导对象对辅导团体的认同感不断加深,彼此之间的互动与交流开始频繁,信任感逐渐增强,开始有意识地主动参与朋辈团体心理辅导。但此时辅导对象的内心仍然存在一定的矛盾与冲突。一方面,他们渴望融入辅导团体,得到团体的真正接纳与认同,因此,他们试图通过参与辅导活动,尝试分享内心的体验与感受,以获得其他辅导对象的理解和包容;另一方面,他们对辅导活动和团

体的怀疑与担忧也在不断加深。他们怀疑自己能否真正得到团体的关心和了解，能否在辅导过程中真正有所收获。同时，他们也担心自己的分享与表达不能真正被辅导员和其他辅导对象所理解，不被辅导团体所包容，尤其担心自己的分享与表达会使他人对自己了解得过于深刻与透彻。因此，此时的辅导对象会出现想要交流、分享，却又欲言又止，渴望参与团体互动，却又遮遮掩掩的情况。

（二）试图挑战辅导员

在本阶段，辅导对象容易从消极的视角评估辅导员和辅导过程，也容易对他人的表现有所批评和挑剔。他们不愿流露负面情绪，却会试图控制团体方向，甚至与辅导员争夺对团体的领导权。因此，他们容易对辅导员表现出挑战性和竞争性。这一方面说明他们对辅导员和团体的信任度不足，另一方面也意味着他们试图通过这些行为对辅导员和团体进行考察，评估其是否能够真正满足自己的成长需要。

如果辅导员善于观察，便会发现，处于这一阶段的辅导对象愿意与辅导员和其他辅导对象进行眼神交流，表情或真诚，或带有不屑和挑衅之意。他们希望得到关注，但当辅导员真正关注到他们，让他们进行相关分享时，他们又会表现出不好意思或假意推辞，实际上这些表现都是其内心矛盾，既跃跃欲试又心存顾忌的体现。其实，此时的辅导对象特别希望被肯定、被认同、被发现，有着较强的心理归属需求。

（三）可能会产生小团体

在本阶段，有相似问题或相似感受的成员可能会聚集在一起交流，宣泄负面情绪，表达对辅导活动、辅导员或团体的看法，但在辅导过程中通常又会对辅导团体表现出排斥、防卫或者不投入的态度。这类小团体的存在会对朋辈团体心理辅导的开展产生破坏作用，而且不同小团体之间还有可能产生矛盾和冲突，进而影响团体秩序和团体凝聚力的形成。因此，辅导员必须对此高度重视，并提前做好应对预案。

二、朋辈团体心理辅导过渡阶段辅导员的应对策略

针对朋辈团体心理辅导过渡阶段辅导对象试探性的行为表现，辅导员要有清醒的认识和充分的心理准备。辅导员既要充分理解辅导对象当时内

心的矛盾与冲突,又要及时采取有效措施,打破僵局,创造机会,搭建平台,向他们提供支持与鼓励。

（一）及时向辅导对象表达理解与支持

在过渡阶段,稳定的团体凝聚状态尚未真正形成,辅导对象之间的包容度与信任度较低。因此,特别需要辅导员能够及时、有效地向他们表达理解与支持,使辅导对象真切地感受到认同与尊重,从而激发其积极参与朋辈团体心理辅导的欲望和积极性。

（二）创设活动,引导辅导对象关注当时的感受

由于辅导对象对辅导过程仍心存顾虑,朋辈团体心理辅导员应理解他们在此阶段试探性、保留性的心理活动与行为表现,不能简单地要求他们立刻袒露内心世界,进行深度交流与分享。为照顾辅导对象的感受,增强他们对辅导的认同感,辅导员可以创设一些不涉及深层次探讨的活动情境,引导成员之间积极互动,并自然地分享活动中的体会与感受。辅导员一定要注意,此阶段选择的活动内容,既要与辅导活动的主题、目标相符,又要有助于提升辅导团体的信任度与凝聚力,让辅导对象在活动中感受到团体的接纳与肯定,在互动中体会到信任、合作的作用与价值。

（三）创设人际互动的心理练习,提升辅导对象之间的亲密度

为进一步增进辅导对象之间的信任,营造良性人际互动氛围,提升团体凝聚力,朋辈团体心理辅导员可以在此阶段创设一些有助于人际交流与互动的团体心理练习,引导辅导对象积极参与。辅导对象可在参与练习的过程中增进彼此之间的了解,更加认同与信任对方,明确自己在团体中的作用与责任,激发参与热情与能动性,推动朋辈团体心理辅导向纵深发展。

（四）尝试进行有一定深度的分享活动

随着朋辈团体心理辅导的深入开展,辅导对象之间、辅导对象与辅导员之间的熟悉和了解程度逐渐加深,彼此之间的互动与信任不断增强。辅导的氛围趋向于平和与稳定,辅导对象开始逐渐扩大自我公开区,更加积极主动地参与到辅导活动中。在交流与互动过程中,他们越来越多地体验到被尊重、被理解与被接纳,自我效能感和心理安全感得以提升,开始逐渐降低心理防御水平,愿意尝试着袒露内心世界,进行自我探索。因此,在这样的

背景下,辅导员可以尝试着创设一些有一定深度的分享活动,让辅导对象在了解他人、支持他人的过程中获得新经验,在此阶段,他们逐渐勇于面对、分析、探索自身问题,自觉增强对自我和团体发展的责任意识,为真正在朋辈团体心理辅导过程中有所收获创造条件。

第三节　朋辈团体心理辅导的问题解决阶段

朋辈团体心理辅导的问题解决阶段,是整个辅导过程的核心阶段。在这一阶段,辅导员要帮助辅导对象进一步澄清自身问题,并探寻有效的解决方法与策略。那么,这一阶段具有哪些特点? 辅导员又该如何有效应对,以达到朋辈团体心理辅导的预期目标呢?

一、朋辈团体心理辅导问题解决阶段的特点

(一)团体的凝聚力逐渐增强

问题解决阶段是深入探讨、解决辅导对象心理问题,积极促进其成长与转变的阶段,也是朋辈团体心理辅导重要的工作时期。在这一阶段,温馨、包容、安全的心理氛围已经形成,辅导对象之间信任度提升,相互尊重与支持,关系愈发融洽。在这样的氛围下,辅导对象不再焦虑、不安,负面情绪得到缓解,开始直面自我,乐于分享,相互帮助共同解决问题,辅导团体的凝聚力逐渐增强。

(二)辅导对象对团体的认同和期待不断增强

在朋辈团体心理辅导的问题解决阶段,辅导对象对其他参与者逐渐信任,对辅导员和团体的认同感增强。他们愿意真诚地倾听其他辅导对象的经历,给他们鼓励与支持,并希望从中获得启迪和触动,能够有效地帮助自己。他们愿意敞开心扉,与其他辅导对象分享内心的经历与体验,积极配合辅导员的引导,主动且深入地进行自我反思与探索,对辅导团体也更加依赖,充满信心。

(三)辅导对象练习适应性新行为的主动性得以增强

在这一阶段,辅导对象内心最迫切的需求就是能够通过团体的互动及辅导员与其他辅导对象的帮助,解决自身问题。他们希望将团体情境视作

实践的"实验室",期望不断地修正和完善自身的思想与行为,形成适宜的思维模式和具有社会适应性的技巧。因此,他们的潜力与能动性都得到了有效的激发,他们开始主动打破固有的行为习惯,学习并尝试练习更具效用的新行为。

根据辅导对象在这一阶段的心理特点,辅导员要充分利用团体情境,整合团体资源,给予他们鼓励与支持,协助其实现自我接纳与自我认同,不断提升自我效能。辅导员要帮助、引导辅导对象深入探索,认知自我的问题,积极、有效地面对与解决问题,并在此过程中习得经验与行为方法,为增强其社会适应性创设条件。

二、朋辈团体心理辅导问题解决阶段辅导员的应对策略

在朋辈团体心理辅导的问题解决阶段,辅导对象解决问题的动力较强,他们渴望成长与改变,希望获得支持与帮助。为此,辅导员应激发团体动力,发挥团队的助长功能,积极为辅导对象提供指导与建议。此外,辅导员应牢记朋辈团体心理辅导助人自助的本质,创设空间,利用辅导对象之间的互动与启发,促进其发展与成长。

（一）创设促进辅导对象深层次分享的团体情境,引导其积极进行自我探索

朋辈团体心理辅导进行到这一阶段时,基本的运作指向就是要帮助辅导对象有效解决问题,达到既定目标。因此,所进行的辅导应具有一定的深度和引领作用,应能引发辅导对象的深入思考,激发他们自我探索的欲望,促使其主动寻求解决问题的路径。为了切实发挥朋辈团体心理辅导问题解决阶段的功能,辅导员在辅导过程中要突出主线,根据辅导目标积极创设能使辅导对象进行深层次分享的团体情境,以彰显朋辈团体心理辅导的教育功能与发展功能。

（二）辅导内容与活动安排应凸显辅导目标

朋辈团体心理辅导的问题解决阶段,是实现辅导目标的关键时期。辅导员应注意,在这个阶段所进行的辅导活动,从内容到形式都要充分体现既定目标的基本要求,要充分发挥对团体的引领作用,确保辅导过程线索清晰、指向明确。例如,若朋辈团体心理辅导以提升职业生涯探索能力为目

标,那么,本阶段辅导所创设的活动环节与情境就必须凸显对职业生涯探索困惑的处理方式,以及职业生涯规划方法与技巧的发现和积累。要保证辅导对象通过参与这一阶段的活动,能够从中获得启发和建议,明确自身兴趣、需求和才能,习得职业生涯规划的策略与方法。所以,这一阶段可以创设一些职业生涯探索过程中经常会遇到的问题情境,通过角色扮演、问题讨论等形式,引导辅导对象思考:对相关情境中的问题应该如何处理? 有哪些方法可以应用? 这些方法的可行性如何? 辅导员再通过整理和归纳,给予辅导对象关于提升职业生涯探索能力的明确指导和建议,推动其实现心理成长,达到朋辈团体心理辅导的预期目标。

(三)辅导员要妥善处理辅导过程中的偶发事件,确保辅导顺利进行

在朋辈团体心理辅导的问题解决阶段,由于一些活动会触及辅导对象内心深处的感受,所以一些偶发事件难免会发生。因此,辅导员必须做好充足的心理准备,要有敏锐的洞察力,及时发现团体中出现的特殊状况,并采取有效措施快速处理和解决,以防止事态扩大,避免辅导目标偏离或辅导对象心理受到伤害。

无论遇到什么情况,辅导员首先要注意的是自己的情绪要保持镇定和冷静,既不要简单、粗暴地阻断活动,也不要偏离主题就问题论问题,更不能对事态发展和辅导对象的状态置之不理。有经验的辅导员应当迅速找到问题的关键,因势利导,将突发状况的解决与辅导目标的实现有机整合起来。当然,如果局面实在难以掌控,比如成员情绪激动无法安抚,辅导员也可以考虑暂时由助手将相关人员带离辅导现场单独处理,以免影响辅导进程和其他人员的情绪。不过,在这一过程中,辅导员一定要注意处理问题的方法与态度,要对辅导对象充分表达理解与尊重,要讲究手段、策略的艺术性与科学性,从而平稳推进辅导进程。

(四)有效整合活动形式,多角度促进辅导对象的成长

为了实现朋辈团体心理辅导目标,促进辅导对象在团体中进步与成长,在本阶段,辅导员应注意综合运用辅导技术与手段,有效整合朋辈团体心理辅导的活动形式,使辅导对象体会多样化的心理感受。例如,辅导员可通过创设团体心理活动,利用音乐、绘画、纸笔练习、角色扮演、问题讨论等形式,引发辅导对象的情绪共鸣,促使他们直面问题、深入探索,从而有效增强团

体动力。

第四节　朋辈团体心理辅导的结束阶段

经过一系列的团体运作,朋辈团体心理辅导的目标得以实现,辅导对象解决了自身的问题,获得了心理上的成长,辅导的任务基本完成。但是,为了进一步巩固辅导效果,有效实现辅导对象与辅导团体的分离,辅导员还必须重视朋辈团体心理辅导结束阶段的工作。

一、朋辈团体心理辅导结束阶段的基本特点

(一)产生离别情绪

在朋辈团体心理辅导的结束阶段,由于辅导对象的问题得到了解决,心理需求得到满足,他们对辅导团体、辅导员及其他辅导对象会心存感激,不愿分离。而且,在整个朋辈团体心理辅导过程中,辅导对象之间、辅导对象与辅导员之间互动频繁,相互尊重、接纳与包容,建立了心理相容的良性人际关系,这也使得一些辅导对象对辅导团体难以割舍。

(二)对将辅导收获迁移到现实生活缺乏信心

有的辅导对象虽然承认自己在辅导过程中的成长与收获,但对于离开辅导团体这一实验情境,将辅导的经验有效迁移到现实生活中缺乏信心,会表现出焦虑、不安等负面情绪,甚至对辅导团体产生依赖。

(三)团体结构呈现出松散的状态

在结束阶段,由于辅导任务已经基本完成,辅导对象开始意识到团体即将解散,辅导活动也将结束,加之分离情绪的影响,他们的积极性和参与热情会受到影响,投入程度开始下降,互动、分享、交流减少,对团体的联结趋于表面化,团体结构也逐渐松散。所以,在这个阶段,辅导对象的主要问题是如何正视辅导的结束,处理好与辅导团体的有效分离。辅导员的任务则是帮助他们接受与辅导团体分离的事实,使他们认识到自身的成长与进步,将辅导经验有效地迁移到现实生活中。

二、朋辈团体心理辅导结束阶段辅导员的应对策略

为了使辅导对象能够做好心理准备,平静地接受辅导结束的事实,在朋辈团体心理辅导结束阶段,辅导员应该做好以下工作。

(一)提前告知朋辈团体心理辅导即将结束的信息,使辅导对象做好心理准备

朋辈团体心理辅导不能仓促结束,否则会使辅导对象感觉突兀,难以接受。因此,辅导员应提前将辅导即将结束的信息向辅导对象进行告知,使其心理上有所准备。如果是一次性的朋辈团体心理辅导,在辅导对象招募、辅导团体组建的时候,辅导员就应该向辅导对象说明辅导过程的时间长度,并在辅导开始时强调具体时间安排,使辅导对象对辅导活动的结束做好心理准备。通常,在一次性的朋辈团体心理辅导中,辅导对象对辅导团体的依赖和分离情绪并不明显和强烈,但对于一周一次、持续多次的周期较长的单元式朋辈团体心理辅导,他们的分离情绪就会比较强烈,需要辅导员予以关注和重视。一般来说,对于这种长期的心理辅导,辅导员在最后的2~3次活动中就应该预先通知辅导结束的时间,至少也要提前一次进行提醒。尤其是对于辅导氛围良好、互动性强、凝聚力强的辅导团体,更需提前通知。因为,在这类团体中,辅导对象之间的关系更为亲密,分离情绪也更强烈,特别需要提前进行相关处理和准备。

(二)帮助辅导对象整理辅导收获

为了促使辅导对象将辅导过程中的经验有效迁移到现实生活中,辅导员有必要在辅导结束阶段引导其回顾辅导历程,整理辅导收获。具体操作时,可以由辅导员对团体历程进行回顾,也可以由辅导员引领辅导对象自行回顾。但是辅导收获、新学到的经验与行为方式,最好还是由辅导对象通过讨论、整理形成后,再由辅导员进行整合。这样做的主要目的是充分调动辅导对象的积极性,使他们重视自身成长,真正实现朋辈团体心理辅导助人自助的根本目标。辅导员在帮助辅导对象回顾辅导经历的时候,应注意语言简洁、条理清晰、层次分明,以便辅导对象理解和记忆,总结自身收获。

(三)评估朋辈团体心理辅导的效果

为了检验辅导是否达到预期目标,在朋辈团体心理辅导的结束阶段,辅

导员应带领辅导对象对团体活动效果进行评估。评估可以通过多种途径进行,例如:可以让辅导对象分享自己在参加辅导前后的心理变化,感受朋辈团体心理辅导的效果;可以进行心理测量,将测量结果与辅导对象初期的心理测评结果进行对照,以评价辅导成效;可以通过辅导对象间的相互评价来获得对辅导效果的反馈信息;可以与辅导对象身边的人进行沟通,了解辅导对象在辅导过程中的成长与改变。通过对朋辈团体心理辅导效果的评估,一方面可以考量朋辈团体心理辅导目标的达成情况,另一方面也可以使辅导对象强化自身的感受与认知,看到自己的成长与进步。同时,这也促使辅导员进一步提高专业能力,完善朋辈团体心理辅导操作流程。

(四)妥善结束朋辈团体心理辅导

在朋辈团体心理辅导的结束阶段,辅导对象对团体会比较留恋。在这个阶段,辅导员除了要帮助他们总结在辅导过程中的收获之外,还应该协助辅导对象为迁移辅导经验、从心理上告别辅导团体做好准备。例如,辅导员可以引导辅导对象对未来的生活进行构想和规划,对其如何将辅导经验与现实生活进行有效对接提供意见和建议,并表达希望与祝福。辅导员还可以通过创设团体心理游戏,让辅导对象之间相互祝福、道别,或者大家一同演唱与辅导主题相关的歌曲,共同在纪念册上留言等。

辅导员应该意识到,能否妥善处理辅导的结束环节,对朋辈团体心理辅导的完整性和辅导对象的心理成长都具有一定的影响。因此,辅导员对这一阶段工作的处理要认真、严谨,既不能仓促结束,让辅导对象毫无准备,也不能拖拖拉拉,没有终结。这就要求辅导员更加明确辅导目标,对辅导对象的心理需求和发展状况能够进行准确的评估与界定。辅导员要以辅导计划为框架,以实际运行状况为参照,及时调整辅导进程,寻找有利时机,运用恰当的方法和形式,在辅导对象做好心理准备的情况下,自然而然地结束辅导。这样既能令辅导对象对辅导意犹未尽,又能为其未来积极面对现实提供支持与动力。

总之,完整的朋辈团体心理辅导大致经历了初创阶段、过渡阶段、问题解决阶段以及结束阶段。这几个阶段彼此衔接、相互渗透,很难特别清晰地将其分割清楚。

第五章　朋辈团体心理辅导的准备与启动

良好的开端是成功的一半。做好充分的准备,积极组织具有凝聚力的团体,顺利开启朋辈团体心理辅导,是保证朋辈团体心理辅导取得实效的重要条件。因此,在朋辈团体心理辅导过程中,一定要重视准备与启动工作,以便为顺利开展辅导创造条件。

第一节　朋辈团体心理辅导的准备

朋辈团体心理辅导的准备过程,从严格意义上来说,应该是辅导双方都要进行充分准备的过程。对于辅导对象而言,在这一阶段应进一步澄清自己的问题,明确探寻方向,并认真思考辅导目标与自我需求之间的匹配性、对辅导团体要求的认同性、对辅导员的接纳状况等问题,为参加辅导做好准备。朋辈团体心理辅导员则更是要对如何启动辅导过程、促进团体发展、有效实现辅导目标进行充分准备。相对而言,辅导员对辅导的准备情况,对于整个辅导过程显得更加重要。

一、朋辈团体心理辅导员的身心准备

辅导员在启动朋辈团体心理辅导之前,除了要做好专业准备,丰富相关理论知识,熟悉辅导流程之外,还必须对自己的身心状况进行全面评估。例如,身体是否健康,是否具备完成辅导活动所必需的体能;心理是否健康,是否能够理性、平和、情绪稳定地带动辅导团体有效运作等。朋辈团体心理辅导员的身心应调整到最佳状态,如此才能为辅导的顺利开展创造必要的条件。否则,不仅容易导致辅导员在辅导过程中心焦气躁,使辅导进程受阻,还会使辅导对象难以得到帮助,产生认知偏差,对朋辈团体心理辅导失去信

心。因此,加强辅导员的身心准备,是做好朋辈团体心理辅导的重要环节。如果辅导员存在身体和心理方面的问题,就一定要在辅导正式开始之前有效调整和解决。

二、充分考量辅导团体的发展需求

为切实提升辅导实效性,在朋辈团体心理辅导启动前,辅导员必须对辅导对象的心理发展的基本需求有充分考量。辅导员要明确以下问题。辅导活动是为谁而开展?他们有哪些心理发展特点和成长需求?他们有哪些心理问题需要解决?应该运用什么样的方法和策略解决这些问题?在这一过程中,辅导员还需要认真鉴别团体推进的过程中哪些需求是共性的,哪些需求会体现出辅导对象之间的差异性,以及辅导员自身在这一过程中又存在何种需求。前期对团体发展需求的考量与鉴别越清晰和深入,辅导方案的设计与安排就越具有针对性,辅导进程的推进也就越扎实和深入。

三、确定辅导主题

朋辈团体心理辅导的实效与辅导主题的选择密切相关。只有当辅导对象认识到辅导主题与自己的心理发展有密切联系,能够真正满足其心理需求,有效应对其心理困惑时,才有可能对朋辈团体心理辅导表现出积极性,主动参与团体活动。

(一)根据个体心理发展基本规律确定辅导主题

个体的心理发展具有独特的个性特征,同时也具有与同一年龄段其他个体共有的属性。特定年龄段的个体常常会表现出该时期所固有的年龄特征,心理发展呈现出共同趋向。因此,辅导员应充分了解这些特点与规律,并据此确定辅导主题,以积极发挥预防功能,帮助辅导对象顺利度过发展期,避免一些影响其成长的问题发生。

就大学阶段的学生而言,他们在身心等方面发展迅速,但尚未真正成熟。例如:自我意识发展迅速,但不客观,存在自卑、自负的倾向;情绪情感逐渐丰富,但不够稳定,容易冲动或易被情境左右;性意识愈来愈强烈,有好奇心,但缺乏有效处理相关问题的能力;社会交往的需求逐渐增强,却缺乏有效沟通与交往的技巧;对未来有憧憬,却缺少必要的生涯规划;等等。

对于这些特点,辅导员应该有针对性地选择与设计辅导主题,例如,以情绪管理、自信心提升、人际交往技巧提高为主题。这些主题贴近大学生心理发展实际,是其成长过程中必然会面对的问题,因此,易于引发他们的共鸣,激发其参与辅导的热情。

(二)根据心理调查的结果确定辅导主题

为了使辅导主题更具针对性,组建团体之前,辅导员可以通过发放调查问卷、开展访谈、进行心理测评等方式直接了解学生的心理需求。通过对相关结果的统计和分析,根据学生的需求程度确定辅导主题。例如,在以往一些高校所开展的心理调查中发现,环境适应、人际交往、自信心培养等,通常是学生们最关心的问题,那么,这些就可以作为辅导主题的主要方向。

(三)根据学校中出现的特定事件确定辅导主题

在学校生活中,难免会发生一些特定事件。这些事件往往具有广泛影响或者是对广大学生的心理状态产生冲击。这就要求辅导员要具有敏锐的洞察力,及时捕捉学生的心理动态,了解其心理需求,有针对性地选定主题并开展辅导活动。

四、确定辅导目标

一般来说,根据前期对辅导对象共性心理需求的分析和对辅导主题的梳理,辅导员即可确定团体目标。例如:新生入学后,部分学生由于不适应大学生活而产生困惑,辅导员就可以确定以构建团体凝聚力、提升自信心、规划大学生活等为内容的辅导目标;如果辅导对象希望改善人际关系,那就可以确定以提高人际交往技巧为内容的辅导目标;针对考试前部分学生会出现考试焦虑的实际情况,辅导员还可以确定以应考技巧、情绪管理、培养积极心态为内容的辅导目标。但应注意,辅导目标的确立必须贴近辅导对象的心理实际,凸显辅导主题。

(一)目标的确定应该与辅导对象的心理需求和发展实际相匹配

朋辈团体心理辅导的目标是否有意义,在很大程度上取决于其是否符合实际,是否能够满足辅导对象的心理发展需求。因此,辅导员在确定辅导目标时,一定要对辅导对象的实际心理状况和需求有准确的了解和把握。这样,在操作的过程中,辅导对象才更容易被调动积极性,更有动力参与活

动,辅导员的作用也比较容易发挥。

（二）目标不能过大、过高,要有实现的可能性

朋辈团体心理辅导所确定的目标要从实际出发,既要符合辅导员实际能力,使其能够有效驾驭,也要符合辅导对象的心理发展实际,具有实现的可能性。目标不能笼统、抽象和隐晦,应贴近现实,明确具体,指向清晰,能够为辅导对象的参与和辅导员的操作提供明确指引。同时,辅导目标的创设要难度适宜,既符合辅导对象的发展实际,也要与辅导员的实际能力相匹配,具有操作价值和实现的可能性,切忌贪功冒进,设定过大或过高的目标,最好是处于辅导双方的"最近发展区"范围内,是双方"跳一跳,够得到"的,既具有挑战性,又具有实现的可能性。

（三）目标要具体化,不能太概括、太抽象

在朋辈团体心理辅导过程中,所确定的目标必须具体化,要易于被辅导双方理解和接受。辅导目标越清晰、具体,越能让辅导双方清楚该做什么及怎样去做。相反,如果目标过于抽象,则容易出现目标设定空洞、过高等问题,容易使辅导员难以抓到核心要素,辅导方案也难以突出主题。辅导对象则会感觉茫然,不知道该如何调控自己,很难在辅导过程中有所收获。此外,朋辈团体心理辅导的最终效果如何,也很难用具体、客观的指标进行评估。

（四）可以设定总目标与阶段性目标

在朋辈团体心理辅导过程中,根据实际情况和辅导对象的成长需要,辅导员可以设定辅导的总目标和阶段性目标。总目标也可称为终极目标,指的是朋辈团体心理辅导完成后,所要达到的最理想状态与效果。例如,"促进成员自我成长""促进成员心理健康发展"等都属于总目标的范畴。阶段性目标则是总目标的具体化,即走向终极目标的道路上不同阶段、不同时期需要完成的一个个具体的小目标。这些阶段性目标是具有渐进性特点的子目标。

由于总目标的实现需要一定的过程和辅导双方的共同努力,因此,在实际操作中可以将其分解为具体的阶段性目标。例如,为实现"促使成员心理健康发展"这一总目标,辅导活动可以从"帮助成员认清自我,提升自信心""帮助成员认识情绪对心理的影响,学会情绪管理""促使成员学会沟通技巧,提高人际交往能力"等方面分阶段推进,以帮助辅导对象实现成长。在实现阶段性目标的过程中,辅导员和辅导对象很容易感受到成长与进步,产生成功体验,从而积极地为实现下一个阶段目标而努力。可以说,阶段性目标的创设,会使得辅导过程更具有层次性和系统性,会减轻辅导双方的心理压力和挫败感,也更容易激发双方的内生动力和潜在力量,对提升辅导效果具有积极的推动作用。

五、设计好朋辈团体心理辅导的流程

前期准备越充分,辅导过程才能越顺利。因此,在正式开始辅导之前,朋辈团体心理辅导员必须围绕辅导目标精心设计具有可行性的辅导流程。包括辅导的单元、频次、每个单元的具体目标、活动内容,每个单元活动的操作环节、次序,环节与环节之间以及单元与单元之间如何有效衔接,每个环节的时间分配,甚至开始语、结束语的表达方式等,事先都有必要进行充分设计与构想。

另外,在朋辈团体心理辅导过程中,辅导员需与辅导对象进行有效互动,辅导员对辅导对象在活动中的分享应及时给予积极反馈。这一点通常是辅导员感觉有难度的地方。由于能力和经验的局限,一些朋辈团体心理辅导员不知道该如何自然地与辅导对象进行交流、互动,尤其是不知道该怎样对辅导对象的表述给予及时且有效的反馈。所以,在辅导过程中,常常会出现这种情况:辅导对象积极地在团体内分享自己的感受与体会,而辅导员却不知如何反应,要么不反应,要么简单地用"谢谢你的分享""感谢你的参与""你说得真好"等一些简单的话语进行回复。这样一来,既不能彰显辅导员的专业素养,也不能给辅导对象提供及时的支持与鼓励,更不能从辅导对象的分享中提取突出主题、有助于目标实现的元素,这无疑会影响辅导对象的体验和辅导预期目标的完成。

因此,在辅导开始之前,建议朋辈团体心理辅导员预想辅导过程中可能出现的情况以及辅导对象交流、分享的基本方向。辅导员应事先设计好针对不同情况的应对策略,以及针对辅导对象不同方向的分享该如何进行积极的反馈。如此,辅导员才有可能做到有备无患、镇定自如,才能有效掌控团体,达到预期目标。

六、对朋辈团体心理辅导的全程进行预演

朋辈团体心理辅导员对辅导过程的准备一定要高度重视,在设计辅导方案、熟悉辅导流程的基础上,有必要对辅导的全程进行预演。朋辈团体心理辅导过程的预演,可以是辅导员一个人在空房间,最好是面对镜子进行;也可以是辅导员面对其他朋辈心理辅导员或者指导教师进行;还可以将一些其他同学假设为辅导对象进行预演。预演的时候,要尽量保证操作过程与正式的朋辈团体心理辅导相一致,环节不要省略,语言不要简略。

通过预演,辅导员可以进一步熟悉辅导方案,做到心中有数,同时,还可以促使其认真体会自己的语言方式、表达状态、辅导环节设计、时间分配是否合理。此外,辅导员还有机会积极听取他人的意见和建议,对辅导方案进一步修改和完善,以确保做好充分准备,以最佳的状态开启朋辈团体心理辅导。

七、提前安排好助手和观察员

在团体心理辅导活动中,最理想的辅导规模一般是 8~12 人。但在实际中,常常会超出这个范围,辅导对象为 20 人、30 人,甚至更多的情况时有发生。如果辅导规模相对比较大时,一名辅导员可能会照顾不过来,那就可以安排两名辅导员相互配合,共同完成辅导任务,或者一人为主要辅导者,再安排一至两人为辅导助手,协助完成朋辈团体心理辅导的任务。当出现上述情况时,辅导员之间、辅导员和助手之间一定要提前进行沟通和协调,就活动安排和任务分工做好设计、规划与分配。只有辅导员之间配合默契、分工合理,才能使朋辈团体心理辅导顺利进行。否则,容易造成辅导过程混乱、辅导对象不知所措的情况,对辅导效果产生消极影响。

另外,为了及时、全面地对朋辈团体心理辅导效果和目标达成情况进行评估,在辅导过程中还应设置观察员,由其以第三视角对辅导过程进行全面、客观的观察与评价。如此可及时收集、整理和反馈辅导过程相关信息,为朋辈团体心理辅导的改进与完善提供必要的依据。朋辈团体心理辅导的助手和观察员都需要在辅导开始之前安排好。他们各自的职责、任务要提前说明,辅导的目标、流程也应与其事先进行沟通和交流,以确保彼此相互协作,认知一致,目标同一,努力方向明确。

除了上述内容之外,辅导对象的招募与组织,辅导场地的安排与确认,辅导中音乐、道具的准备,活动流程等,也是辅导员要提前做好准备的内容。对此,辅导员一定要认真对待,准备得越充分,辅导过程才会越顺利,辅导的实效才能真正得以保证。

第二节　朋辈团体心理辅导的团体建构

团体,是朋辈团体心理辅导对辅导对象施加心理影响的重要载体和情境。团体目标设定、成员构成、凝聚状态、发展方向、工作状态等,对辅导对象及辅导目标都具有深远影响。可以说,在朋辈团体心理辅导过程中,辅导员的重要任务及辅导活动有效启动的前提,就是组建一个有序的辅导团体。

一、招募辅导对象

招募辅导对象,是辅导团体组建的重要内容。朋辈团体心理辅导的效果,往往与辅导对象的特质、期待、参与热情、投入程度密切相关。因此,为保证朋辈团体心理辅导取得实效,应该重视对辅导对象的招募与甄选。

一般来说,朋辈团体心理辅导团体的组建,基本遵循来访者自愿的原则,应该是成员自愿、主动报名参加。不过,为扩大心理健康教育工作影响,使朋辈团体心理辅导被更多的学生所了解,通常还会采用以下方式招募辅导对象。

(一)口头宣传

确定朋辈团体心理辅导主题后,辅导员可对辅导目标进行设定,对辅导过程进行初步设计和规划,然后通过课堂、社团活动、学校集会等载体,就辅导的相关问题,对预想的辅导对象进行口头宣传。

这种招募方式操作简便、直接、具体。辅导员可以直接与未来的辅导对象进行对话和交流,帮助他们了解朋辈团体心理辅导的基本流程,明确辅导的意义和具体要求。如果学生有不清楚或者想要更深入了解的问题,辅导员还可以立即回应和解答。

口头宣传这种招募方式的效果通常较好,但是应注意,宣传之前要做好充分的准备,要预见对话过程中可能出现的问题。应该挑选个人形象好、表

达能力强、沟通应对效果佳的辅导员来开展招募活动,以便给成员留下良好的第一印象,吸引其积极参与朋辈团体心理辅导。

（二）利用传播媒体进行招募

为扩大朋辈团体心理辅导的影响力度,吸引广大学生关注与重视,辅导员可以事先准备好相关的宣传材料,通过学校广播、校园网等途径进行宣传介绍。在利用媒体进行宣传介绍时,要注意材料内容生动、形象、有感召力,篇幅不宜过长,应简洁、明了,突出主题。同时,一定要实事求是,表达恰当,切勿夸大其功能。

（三）通过张贴海报、发放宣传册等方式进行招募

朋辈团体心理辅导对象的招募,还可以通过在宿舍、教学楼、图书馆、餐饮中心等学生量较大的地方张贴海报及散发宣传册等方式进行。海报或者宣传册的设计要新颖、美观,引人关注。此外,在海报和宣传册上应使用简明的语言将辅导的目标、主题、报名方式、截止时间等相关信息交代清楚,让人一目了然。

（四）通过心理咨询师或者教师、辅导员的建议与转介进行招募

除以上招募方式外,心理咨询师在咨询工作中,若发现具有共性心理需求、适合参加朋辈团体心理辅导的个体,可以建议或转介他们来参加相关辅导。任课教师或者辅导员也可以根据学生的实际情况,推荐他们来参与朋辈团体心理辅导。

其实,无论使用哪种招募方式来吸引学生报名参与,只要准备充分,表述客观、清楚,实事求是,都能发挥宣传功能,达到组建辅导团体的目的。但一定要注意,无论是口头介绍还是通过媒体、海报、宣传册等形式进行宣传,语言表述都应准确、恰当。

朋辈团体心理辅导报名表、朋辈团体心理辅导成员招募海报分别举例如下。

"_____"朋辈团体心理辅导报名表

姓名		性别		年龄	
系别		专业		班级	
联系方式	电话:			宿舍	
	微信:				
参加过的朋辈团体心理辅导	1.		收获与感受		
	2.				
	3.				
自我介绍	我的性格:_____。				
	我的兴趣和爱好:_____。				
	我的人际关系:_____。				
参加本次朋辈团体心理辅导的期望					

朋辈团体心理辅导成员招募海报1

"有你相伴,携手前行"大学生人际交往技巧提升
朋辈团体心理辅导成员招募启事

你想拥有良好的人际关系吗?你想拥有更多值得信赖的知心朋友吗?你想快乐、愉悦地度过大学生活吗?请快来参加"有你相伴,携手前行"大学生人际交往技巧提升朋辈团体心理辅导吧!

活动时间:××××年10月15日

活动地点:教学楼338教室

招募人数:20人

朋辈心理辅导员:大学生心理健康协会成员,接受过朋辈团体心理辅导理论与技术的专门培训,具有丰富的理论储备和实践经验。性格开朗、大方,善解人意,具有良好的沟通能力和组织能力。

活动收费:免费

报名时间:即日起至10月12日

报名联系人:×××

报名联系电话:××××××××××

朋辈团体心理辅导成员招募海报2

"凝心聚力,阳光同行"团队协作意识提升
朋辈团体心理辅导成员招募啦!

　　心合意同,谋无不成。

　　你能理解团队协作的重要性吗?你想体会合作共赢带来的乐趣吗?快来参加"凝心聚力,阳光同行"团队协作意识提升朋辈团体心理辅导吧!让我们齐心协力,共同在活动中提升认知,实现心理成长。

　　活动时间:××××年5月23日

　　活动地点:团体心理辅导室

　　朋辈心理辅导员:进行过系统的心理辅导相关课程学习。善于沟通、亲和力强,多次组织、开展朋辈团体心理辅导,实践经验丰富。

　　活动对象:乐于分享与交流,希望提升心理品质的在校大学生。

　　招募人数:20人

　　活动收费:免费

　　报名截止时间:5月20日

　　报名方式:请编辑信息(系部、班级、姓名、性别、联系方式)发送至邮箱××××××××@qq.com

二、筛选辅导对象

　　通过前期的大力宣传与预告,会有学生自愿报名参加朋辈团体心理辅导。但是,辅导员一定要有清醒的认识,尽管有学生自愿报名,但并不是所有自愿报名的个体都适合成为朋辈团体心理辅导的对象。辅导员有必要从报名者的参与动机、人格特点、心理健康状况、团体期待等方面对其进行考量与评估。

　　(一)朋辈团体心理辅导对象的基本条件

　　1. 能够认同辅导团体,信任朋辈团体心理辅导员

　　成员对辅导团体是否具有归属感和认同感,是否能够接纳、信任朋辈团体心理辅导员,是影响辅导关系构建的重要条件。朋辈团体心理辅导的顺利开展,以及辅导员效能的积极发挥,都要求辅导对象对辅导员充分信任,乐于在团体情境下配合辅导员积极开展相关活动,这也是辅导对象应该具

备的基本条件。

2. 能够自觉遵守团体规范,遵循辅导要求,坚持辅导全程

为达到辅导目标,辅导对象必须遵循基本的团体规范和操作要求。例如,自觉遵守辅导活动时间,不迟到、早退、无故缺席;如有特殊情况不能按时参加辅导,应事先与辅导员进行沟通;不能在身体或心理上攻击、伤害其他成员;要能够表达、分享真实想法,配合辅导员积极参与各环节的辅导活动等。

3. 具有改善自我、完善自我的需求

朋辈团体心理辅导以助人自助为目标。因此,辅导对象应自愿参与辅导,并具有完善自我的主观愿望。如此,才有可能激发其内在潜质和能量,使其在辅导过程中有所收获和成长。

4. 具有一定的合作意识,乐于交流,能够与他人分享经验

朋辈团体心理辅导以团体工作为基础,需要个体的努力,形成团队凝聚力,以发挥团体本身对个体心理发展的助长功能。因此,辅导对象之间的沟通、交流与互动,相互的帮助与支持是必不可少的。这也就要求他们必须具有合作意识,愿意与其他成员进行良性互动,这样才可能从他人身上获得启发,并发挥自身作用帮助别人,最终实现自我成长。

(二)朋辈团体心理辅导对象的筛选方法

朋辈团体心理辅导对象筛选的方法有很多,但最常用的一般是心理测量、面谈、问卷调查等形式。

1. 通过心理测量进行辅导对象的筛选

通常情况下,辅导员对报名参与朋辈团体心理辅导的个体了解有限,难以客观、准确地判断其个性特质是否符合作为辅导对象的基本要求。因此,为了快速、有效地了解报名者的心理状态,辅导员可以借助科学的心理测量工具,对报名者的人格特点、人际关系状态、心理健康程度等心理指标进行了解。以此预见报名者在辅导过程中可能表现出来的性格特点和行为方式,进而判断其是否适合参与朋辈团体心理辅导。

2. 通过面谈进行辅导对象的筛选

通过面谈的方式对报名者进行考量,是朋辈团体心理辅导对象筛选中比较直接的一种方式。在面谈中,朋辈团体心理辅导员应该向有意成为辅

导对象的个体进一步阐明朋辈团体心理辅导的方式、要求与目标。同时，通过面谈，辅导员可以了解报名者的参与动机、性格特点、心理健康状态以及他们对辅导活动的期望，以此判断其是否适合参与辅导。

3. 通过问卷调查进行辅导对象的筛选

为提高筛选效率，辅导员可以将报名者参与朋辈团体心理辅导的动机、目标、对辅导活动的期望以及其人格特点等预先设定为调查问题，以书面的形式发放给他们，然后，通过分析其回答的情况，再进行相关筛选。朋辈团体心理辅导成员筛选调查问卷举例如下。

朋辈团体心理辅导成员筛选调查问卷

系　别：＿＿＿＿＿＿＿　专　业：＿＿＿＿＿＿　班　级：＿＿＿＿＿＿

姓　名：＿＿＿＿＿＿＿　联系方式：＿＿＿＿＿＿＿＿＿＿＿＿＿＿

为了促进我们彼此之间的了解，使您能够在朋辈团体心理辅导过程中真正实现成长，有所收获，请您认真回答下列问题。（所有问题的回答均无正误之分，请根据自己的真实情况如实作答即可）

1. 您为何要报名参加本次朋辈团体心理辅导？
_____

2. 您希望通过参加本次朋辈团体心理辅导获得哪些改变和成长？
_____

3. 您了解朋辈团体心理辅导吗？请简单表述。
_____

4. 您了解本次朋辈团体心理辅导的目标和要求吗？
_____

5. 您对本次朋辈团体心理辅导有哪些要求和期望？
_____

6. 您以前参加过朋辈团体心理辅导吗？如参加过，有何收获或体会？
_____

7. 您愿意和别人分享自己的经历与经验吗？
_____

8. 您认为自己的心理健康状况如何？
_____

续表

9.请简单描述一下您的性格特点。
10.您认为自己的人际关系怎么样？与人相处时还存在哪些困惑或者问题？
11.关于本次朋辈团体心理辅导,您还有哪些想法和建议？

应该说,朋辈团体心理辅导对象的筛选工作是一个相对复杂的过程,但对于保证辅导活动的顺利推进、切实提升辅导实效而言却意义重大。因此,辅导员一定要高度重视,认真对待。

三、建立辅导团体规范

朋辈团体心理辅导是基于辅导员和辅导对象之间相互尊重、协作配合而开展的。为规范辅导秩序,确保团体功能得以充分发挥,必须制定约束全体成员言行的规则和要求。这种需要每个辅导对象都必须严格遵守的要求和准则就是团体规范。一般而言,在辅导操作正式开始之前,朋辈团体心理辅导员就应通过与辅导对象的沟通,明确约束其行为、思想及言论的规则和要求,建立团体规范,并将规范的执行贯穿于整个辅导过程。

(一)团体规范建立的时机

对团体规范的遵守应该贯穿朋辈团体心理辅导的全过程。在辅导对象报名面谈筛选的时候,辅导员就应该将参与辅导的一些基本要求向报名者说明,报名者也可据此评估自己能否遵守要求,适应朋辈团体心理辅导的环境。

在朋辈团体心理辅导初期,尤其是在进行第一次辅导时,辅导员应该再次强调团体规范的相关问题,进一步明确辅导要求,必要时也可以对一些要求进行解释,但不能随意更改或取消。在朋辈团体心理辅导进行过程中,辅导员也有必要向辅导对象反复强调团体规范的具体要求。例如,当成员进行分享,谈及自身隐私或涉及他人的事件、观点时,辅导员应提醒其他人,要尊重该成员,为其表达内容保密,不要在辅导团体外议论、散播相关信息。

只有一直恪守团体规范,才能约束彼此的言行,形成安全、有序的辅导

环境,也才会使辅导对象放松心情,认同并信赖团体,积极接受辅导员的帮助。因此,有经验的朋辈团体心理辅导员必定重视团体规范的形成与执行。

(二)团体规范建立的方法

1.由朋辈团体心理辅导员根据辅导需要直接宣布团体规范

由辅导员直接向辅导对象提出要求,说明团体规范。这种方法比较方便、简洁,但有时容易引起辅导对象的反感。因此,辅导员在明确团体规范时,应注意语调、语气和措辞,要顾及辅导对象的心理感受,引导其正确理解建立规范的意义,认同规范要求。

2.引导辅导对象讨论,将达成共识的讨论结果作为团体规范

通过引导辅导对象讨论,由其达成共识的讨论结果形成的团体规范,是辅导对象主动提出并予以认同的,通常大家会比较容易接受。不过,由于每条规范至少需要获得大部分成员的认可,逐一落实会比较浪费时间,尤其是当意见难以统一时,可能引发争执,影响辅导气氛。因此,辅导员在采用此种方法时应注意自己对团体的掌控。团体规范的内容一般主要涵盖辅导对象对辅导时间的遵守、信息保密、参与交流分享、尊重其他成员等方面。具体的表述方式可根据辅导员及辅导对象的特点选择确定,目前尚无统一的规定或要求。团体保证书和团体契约分别举例如下。

团体保证书

保证书

我自愿参加"＿＿＿＿"朋辈团体心理辅导,并保证:

1.我一定会自觉遵守辅导的时间安排,不迟到、不早退,不无故缺席。

2.我一定会积极配合朋辈团体心理辅导员的工作,不因个人原因影响辅导进程。

3.我一定会对其他团体成员持尊重、信任和支持的态度,认真聆听他们的发言,与大家共同交流、分享经验和体会。

4.我一定会对朋辈团体心理辅导过程中的信息保密,不在辅导团体外对其他人妄加评论。

5.我一定会认真完成朋辈团体心理辅导员布置、安排的家庭作业及相关任务。

签名:＿＿＿＿

＿＿＿年＿＿月＿＿日

团体契约

"＿＿＿＿＿＿＿＿＿＿"朋辈团体心理辅导契约

　　作为"＿＿＿＿＿＿＿＿"朋辈团体心理辅导团体的成员,我愿意遵守团体要求,认真参加辅导活动。

　　1.遵守朋辈团体心理辅导的时间安排,不迟到、不早退、不随意走动、不无故缺席,坚持参与辅导全程。

　　2.尊重、信任辅导员,遵守辅导员提出的要求,积极配合辅导员的工作。

　　3.尊重其他成员。不攻击、羞辱其他成员,不打断其发言,真诚聆听。

　　4.不在辅导期间打电话、吃零食、做与辅导无关的事。

　　5.遵守保密原则,不在辅导团体外评论、泄露他人的秘密和隐私。

签名:＿＿＿＿＿＿

＿＿＿年＿＿月＿＿日

第三节　朋辈团体心理辅导的启动

　　在朋辈团体心理辅导的初创阶段,尤其是第一次活动的时候,辅导对象对辅导员与辅导活动充满好奇、兴趣和期待。辅导对象彼此之间比较陌生,相互打量,心存防备。此外,他们对辅导员也并非完全信任,尚处于试探、观察阶段。对于这些情况,辅导员应该有所认知和预见,做好相关的准备。

一、环境的创设

　　环境对人的心理具有潜移默化的影响。为了营造宽松、温暖的心理氛围,朋辈团体心理辅导过程中应注意对辅导环境的选择与创设。

　　通常,所选择的场地应交通便利,易于到达,避免地处偏僻,难以找寻,以免让辅导对象产生不安全的感觉。另外,活动场地应宽敞、明亮,温度适宜,空气流通良好。室内布置应简洁、温馨,既要让人感觉舒适,又不要有太多装饰,以免辅导对象分心。场地所处位置应相对安静,不易被打扰,最好有隔音设备,以免影响活动开展,或是让辅导对象心存顾忌。房间内若设有可移动的桌椅是最理想的,也可备有地毯、坐垫、折椅等,方便大家席地而坐进行交流、围成圈进行纸笔练习、分享讨论,或是开展动态活动。若在室外

开展活动,要注意场地平坦、开阔,方便活动,能够保障辅导对象安全。同时,要准备扩音设备,以保证信息传达顺畅。

二、团体破冰

在朋辈团体心理辅导的初创阶段,辅导对象缺乏心理安全体验,容易对辅导持观望的态度。因此,他们通常会表现得比较沉默,彼此间缺乏互动与交流,辅导气氛比较压抑。这就需要辅导员采取有效措施进行破冰。

(一)如何开场

开场,是朋辈团体心理辅导员在辅导对象面前的第一次表现,会影响辅导对象对辅导员的主观印象,也会影响他们对朋辈团体心理辅导的期望。因此,辅导员应精心设计朋辈团体心理辅导的开场方式。

1. 开门见山

辅导员可以在辅导刚一开始,就直接向大家阐明辅导的目标、主题、流程、团体规范及对辅导对象的要求等内容,直接启动团体活动。

常用的表达语句如下:"欢迎各位同学参加'＿＿＿＿＿＿'朋辈团体心理辅导。本次心理辅导的主题是＿＿＿＿＿。通过本次辅导,希望同学们能够＿＿＿＿＿＿＿,可以在＿＿＿＿＿＿＿＿＿取得收获。为了保证本次辅导的顺利进行,希望大家＿＿＿＿＿＿＿。"

这种方法比较简洁、直截了当,对于经验不是很丰富的辅导员来说是一种不错的选择。

2. 气氛营造

针对朋辈团体心理辅导的主题与目标,辅导员可以在背景音乐的衬托下,讲述一个与主题相关的故事,或进行一段比较具有感染力的演说,营造出有助于实现辅导目标、吸引成员关注的活动氛围。

这种方法易于调动辅导对象的积极性,凸显朋辈团体心理辅导的"心理性"。但辅导员在使用时应注意,故事或演说要简短精悍,与主题紧密相关,对辅导对象的情感具有感染力,能够引发他们的联想或思考。背景音乐的选择也应与主题相匹配,旋律优美、节奏舒缓、音量适中,以有利于调动辅导对象的情绪,营造良好的辅导氛围。

3. 以游戏开场

为活跃团体气氛,减轻辅导对象的压力,促进他们彼此之间的交流,辅导员还可以创设一些有吸引力的团体活动,用游戏的形式吸引辅导对象参与,以打破僵局。

(二)常用的团体破冰游戏

1. 快乐舞蹈

(1)活动目的

促进成员情感交流,激发成员对团体的兴趣,营造温馨和谐的团体气氛。

(2)活动过程

①全体成员排成一列纵队,要求后面的成员将双手轻轻放在自己前面成员的双肩上。

②播放节奏感强、曲调欢快的背景音乐。伴随音乐,在辅导员的指令下,成员按照左脚跳两下,右脚跳两下,双腿合并向前跳一下、向后跳一下,再连续向前跳两下的顺序进行游戏。

③游戏结束后,引导成员分享在活动过程中的感受与心情变化。

2. 看我百变

(1)活动目的

活跃团体气氛,使成员相互了解,激发成员参与辅导的兴趣。

(2)活动过程

①全体成员围圈而坐,彼此相互观察,尽量注意到每个人身上的一些细节特征,比如服饰、发型等。

②30秒后,大家要趁他人不注意,悄悄对自己衣着服饰等细节进行细微改变,如解开一颗衣扣、挽起袖子等。

③任选三位成员逐一站到众人面前,全体成员要对每个人分别仔细观察30秒,找出他们身上出现的变化。

④每位成员被大家找出身上的变化后离场,再次悄悄改变身上的某个细节,再逐一站到众人面前,重复上述活动。每次能够最快发现成员细节变化的人将获得奖励,如果大家都不能找到被观察者身上的变化,进行变化的人则要告诉大家自己做了哪些细节改变。

⑤引导成员讨论、分享:怎样才能发现他人的变化？参与该活动心情如何？有哪些收获和感悟？

3.神秘人物

(1)活动目的

帮助成员放松心情,营造温馨的团体气氛。

(2)活动过程

①全体成员围圈坐好。通过自荐的方式选择一位成员作为"挑战者",在助手的带领下,暂时离开场地。

②通过自荐或随机的方式选定一位成员作为"神秘人物",他要在"挑战者"不注意的情况下不断做出不同的动作,其他成员要留意他每一次的动作变化,并立刻做出和他相同的动作。

③"挑战者"要仔细观察,在3分钟内找出"神秘人物"。在规定时间内完成任务的成员,将获得奖励;如超时还没找出的成员则视为失败,要表演一个节目。

④引导成员分享在活动中的感受与心情变化。

4.手忙脚乱

(1)活动目的

使成员放松心情,积极参与团体活动,营造愉悦的团体气氛。

(2)活动过程

①发给每位成员一条绳子,要求每条绳子的长短各不相同。最长的绳子围成圈,要能容纳下所有成员;最短的绳子围成圈,也要能够容纳下一位成员。

②成员之间相互帮忙,将绳子结成圆圈,并将双脚放在绳圈中。

③成员要集中精力,注意听辅导员的指令。当辅导员说出"换"时,所有成员必须迅速将双脚从自己所处的绳圈中移出来,踏入另外一个绳圈中。

④当游戏进行三次以后,辅导员说"换"的同时,要拿走一个绳圈。由于缺少了一个绳圈,成员需要加快移动速度,有的成员还需跟其他成员共享一个绳圈。

⑤随着游戏的继续,绳圈越来越少,直到最后全体成员在同一个绳圈时游戏终止。

⑥游戏结束,引导成员交流、分享在活动过程中的感受与体会。

三、朋辈团体心理辅导在启动时应该注意的问题

为了保证朋辈团体心理辅导顺利启动,辅导员应该注意以下问题。

(一)个人形象

朋辈团体心理辅导员在辅导过程中应注重个人形象的塑造,力求给辅导对象留下良好的第一印象,赢得其好感。在着装方面,辅导员应注意衣着整洁、大方、得体,既不能过于随意,也不能穿奇装异服,显得前卫另类。要注意衣着打扮既要体现学生身份,又能展现领导者特质。

(二)言谈举止

辅导员要做到语言文明,举止大方。不要在辅导对象面前大声喧哗、说脏话、举止粗鲁,或有抽烟、饮酒行为,以免引发辅导对象的反感,损害辅导员的专业形象,削弱辅导对象对朋辈团体心理辅导的信心。

(三)语言表达

辅导员应对自身能力与水平有客观的认识,最好在辅导工作开始前对辅导内容进行演练,做好充分的准备,不要盲目自信,认为自己可以临场发挥,妥善应对所遇到的一切问题。有时,由于辅导员心理紧张,或者辅导现场状况与预期存在差异,事先准备好的计划和安排都可能变得混乱无序,如果毫无准备,情况更是不堪设想。

另外,辅导员在说话时应该注意以下几点:音量适中、语速适宜,做到流畅、清晰、利落与简洁;避免使用方言土语、口头禅,也不要过多使用"这个、那么、然后"等词;内容要丰富且层次清晰,要能够突出辅导目标与主题;语言应具有感召力,能引发辅导对象的情感共鸣。同时,辅导员要注意控制身体语言,在说话时不要出现多余的肢体动作,以免分散辅导对象的注意力。为此,辅导员平时应该多注意知识的丰富与积累,扩充词汇量,加深对人生的理解与感悟,提高语言的表达与表现能力,以符合朋辈团体心理辅导的操作要求。

第六章 朋辈团体心理辅导
方案的设计与实施

朋辈团体心理辅导在具体实施的过程中,能否充分发挥其应有功能,取得实效,很大程度上取决于辅导员的前期计划与准备是否充分与得当。辅导员应对辅导方案进行合理设计与严谨规划,以便有效地付诸实践。

第一节 朋辈团体心理辅导方案设计的基本理论

一、朋辈团体心理辅导方案与方案设计

所谓的朋辈团体心理辅导方案,指的是朋辈团体心理辅导过程的计划和实施安排。它是辅导员开展朋辈团体心理辅导操作的参考、依据和蓝本,也是确保朋辈团体心理辅导获得成功的重要条件。朋辈团体心理辅导方案的设计,是指在朋辈团体心理辅导工作正式开始之前,辅导员根据既定的辅导目标、辅导对象的心理特点、可利用的资源条件,结合自己的技术擅长,充分运用团体动力学、心理咨询理论以及朋辈心理辅导等方面的专业知识,对朋辈团体心理辅导过程进行的有目标、有计划、有系统的组织与规划的过程。

作为对朋辈团体心理辅导过程的总体规划,朋辈团体心理辅导方案究竟应该如何设计,目前尚无统一要求和格式。因为不同的朋辈团体心理辅导目标不同、任务不同、辅导对象的构成和心理需求也不同,加之辅导员的个人喜好和专业素养也存在一定的差异性,因此,朋辈团体心理辅导方案在设计过程中也必然体现出区别与不同。但无论从哪个角度出发,运用哪种主导理论,所完成的方案都应突出以下特点。

（一）主题突出，目标明确、清晰

朋辈团体心理辅导方案，必须明确表达出通过辅导要达到怎样的结果。既要使辅导对象有清晰的线索，知道做什么、怎么做、达到何种程度，也要使辅导员有明确的方向，知道以何为依据推进辅导进程。

（二）组织合理，活动安全、可行

在朋辈团体心理辅导方案中，所设计的活动要满足以下条件：既符合既定目标要求，也要符合辅导对象的心理需求与发展特点；层次清晰，环节紧凑，体现由表及里、循序渐进的引导特点；符合场地、现有资源等方面的要求，方便、可行、易于操作，要有助于保障辅导对象的身体与心理安全。

（三）内容具有教育性，有助于辅导对象的心理发展

朋辈团体心理辅导的目的，在于促进辅导对象的心理发展与成长。因此，所设计的方案也应充分体现这一目标，不仅要内容丰富、形式生动，而且必须彰显其中的教育意义。通过参加辅导活动，辅导对象可以受到启发，习得经验，实现自我提高与完善。

（四）评价指标清晰，有利于辅导效果的评估

在朋辈团体心理辅导方案中，应能够清晰体现辅导后个体成长、变化的指标和检测辅导效果的线索，应该具体且易于观察和评估。这样既便于评价辅导的成效，也可以帮助辅导员反思辅导过程，及时总结经验、发现问题，强化辅导效果。

二、进行朋辈团体心理辅导方案设计的必要性

在朋辈团体心理辅导的过程中，有些辅导员有一种错误的观念，认为只要自己清楚辅导目标，明确辅导主题，大概设想一下辅导的流程，有基本的辅导框架，到了辅导现场临时发挥一下，是完全可以完成辅导任务的。要知道，辅导的具体情境中会存在许多不确定因素，辅导员的经历和专业知识又有一定的局限性，仅仅凭借一个辅导框架是难以应对现实中的具体问题的。辅导员只有在前期对朋辈团体心理辅导方案进行精心构想和充分准备，在实际操作中才能不慌乱，应对自如。

（一）精心设计朋辈团体心理辅导方案，是对辅导对象心理发展负责的表现

朋辈团体心理辅导，是帮助辅导对象解决心理困惑、获得心理支持、实现心理成长的过程。这是一个助人的过程，同时也是一个复杂的实操过程。在团体情境下，接受辅导的个体内心本来就容易出现敏感、防御性强等问题倾向，再加上辅导对象间存在个性差异，辅导员难以对其估计周全。辅导过程的活动安排及相关细节如果处理不当，极易使辅导对象受到消极影响。

因此，为了切实发挥朋辈团体心理辅导的功能，保证辅导对象真正在辅导进程中有所收获，辅导员必须对整个辅导活动精心设计和安排。辅导员不仅要使辅导流程、相关活动符合辅导对象的心理需求和发展特点，更要预见辅导过程中可能出现的问题或状况，做好前期预案。把朋辈团体心理辅导过程中对辅导对象可能造成的伤害和产生消极影响的风险降到最低，切实为其心理成长与发展提供保障。

（二）精心设计朋辈团体心理辅导方案，是对辅导员个人成长负责的表现

朋辈团体心理辅导是一个助人与自助有机结合的过程。在帮助辅导对象解决问题、获得成长的同时，辅导员也在不断成长与进步。其中包括专业成长，也包括心理方面的成长，比如自信心的树立、社会角色的认同和自我的接纳与完善等。

在精心设计辅导方案的过程中，辅导员的专业知识会因此得到丰富，整合运用专业知识的能力也会提高，而且还会使其主控性和效能感不断得以增强。尤其是在准备充分的情况下，朋辈团体心理辅导按预期顺利开展并取得成效时，辅导员置身于其中，感受着辅导对象的变化，必然会产生成就体验。这对于辅导员重新进行自我评估，发现自我潜能，提升自信体验也起到积极的促进作用。

（三）精心设计朋辈团体心理辅导方案，是保证辅导获得成功的必要条件

朋辈团体心理辅导常常被称为"半专业"或"准专业"辅导。究其原因，主要在于辅导员的学生身份和非专业背景。在辅导前期，尽管辅导员会接受专门的培训与指导，辅导过程中也会有督导，但这都不能保证辅导过程一定顺利并取得成效。因此，辅导员必须对自身的能力和水平有清醒的认识，从各个方面吸纳与借鉴经验，认真准备、设计辅导方案，并做好相关预案，做

到有备无患,以保证朋辈团体心理辅导取得成功。

三、朋辈团体心理辅导方案设计的基本原则

尽管朋辈团体心理辅导方案的设计在格式上目前尚无统一规定,但设计过程中却有一些必须遵循的共同要求。

(一)专业性原则

朋辈团体心理辅导主要由学生来担任辅导员,专业性方面可能会有不足,但这毕竟是一项对人的心灵产生影响的辅导活动,因此,科学性、专业性还是必须体现的。例如,辅导员一定要接受过专门的培训和指导,应具有一定的心理学、心理咨询、朋辈心理辅导等方面的理论知识储备和实践经验,所创设的活动和对辅导流程的安排,应符合辅导对象的心理发展规律和朋辈团体心理辅导操作的基本要求。在方案的设计过程中,应该有指导老师进行督导或其他朋辈心理辅导员的帮助与指导,应结合辅导目标对辅导方案不断进行修正与完善,以确保辅导过程科学、有序,富有实效性。

(二)互动性原则

朋辈团体心理辅导是以团体工作情境为基础,以辅导对象间的互动为平台。因此,整个方案的设计也应该凸显这种互动性,辅导员应充分考虑对辅导对象主体作用的激发与调动。辅导员应创设情境和机会,引导辅导对象进行交流和分享,在互动中营造助人氛围,促使辅导对象彼此接纳、支持与借鉴,在互动的过程中反思自我、澄清问题,获得成长。

(三)量力而为原则

在进行辅导方案设计时,辅导员一定要量力、自知与谨慎。要对自身的专业水平进行客观评估,要具有敏锐的自我觉察能力,所设计的辅导方案要与自己的实际能力和水平相吻合。而且,辅导员还应同时对自身的人格特质、领导风格、技术擅长有清醒的认识,所设计的辅导方案应与个人状态相匹配。方案中的具体辅导活动最好是辅导员所熟悉或有把握的,切忌盲目乐观、好大喜功,或是过分借鉴别人的方案,不考虑实际情况,照搬照抄。否则,不仅辅导目标难以实现,辅导双方也都有可能受到伤害。

(四)渐进性原则

朋辈团体心理辅导的活动创设与流程安排,应充分考虑辅导对象心理

特点和发展规律,不能贪多求快,盲目冒进。辅导员要给辅导对象充足的时间和空间,引导其理解团体目标,与其他人共同努力,最终实现成长与完善。因此,朋辈团体心理辅导方案的设计应由易到难、由浅入深,由人际表层互动到自我深层体验,由行为层次、情感层次到认知层次。帮助辅导对象逐渐扩大自我公开区,接受团体帮助,实现成长目标。

（五）可操作性原则

朋辈团体心理辅导方案的设计应有利于辅导目标的达成。因此,方案中所涉及的操作元素都应具有可行性。例如,辅导目标不仅应明确、清晰,更应具体、难度适中,有实现的可能性;所创设的团体心理游戏和活动流程,应与辅导目标相匹配。此外,辅导员应有效调动辅导对象的积极性和参与热情,使他们在活动中受益,还要使辅导过程不能脱离掌控。同时,现有资源与条件的可利用性、辅导对象身心的安全性、辅导效果的可评估性都应在辅导方案中得到充分体现。

（六）多样性原则

朋辈团体心理辅导不同于一般意义上的思想教育课,其功能的发挥、目标的实现,都需要充分发挥辅导对象的主体能动性,使辅导对象在寓教于乐、潜移默化中受到影响。因此,整个辅导过程的设计,不能只体现辅导员一个人的作用,更不能出现"一言堂"的情况。辅导员应深入思考如何营造氛围,增强团体影响力,激发辅导对象的参与热情。特别是对于青年学生来说,他们本身就充满热情与活力,更乐于参加形式活泼、生动、富于变化的活动。因此,在设计朋辈团体心理辅导方案的时候,设计者必须充分考虑朋辈团体心理辅导本身的性质和辅导对象的心理特征,注意活动内容、活动形式和手段的多样性。例如,静态讨论与角色扮演、团体心理游戏等形式的有机结合,音乐、绘画等艺术手段的针对性运用,多媒体技术的使用,等等。这些内容、手段的多样化体现,不仅会丰富、拓展朋辈团体心理辅导的形式,而且对于营造轻松、温馨的辅导氛围,降低辅导对象的心理防御水平,有效发挥朋辈团体心理辅导的功能,也具有积极作用。

（七）助人与自助相结合原则

在辅导的过程中,辅导对象会在互动中帮助他人、帮助自己,辅导员也会在帮助他们的同时,实现自身的成长。因此,辅导员在进行方案设计的时候,要重视营造宽松、民主、平等的氛围,要为辅导对象搭建集思广益的平台,为他们提供表达与交流的空间,避免出现一味说教和过多干预的环节,充分发挥辅导团体的助长功能。

(八)安全性原则

在设计朋辈团体心理辅导方案时,辅导员应充分为辅导对象着想,既要关注他们的心理发展,还必须充分考虑他们的安全问题。其中既包括对辅导对象心理安全的考量(例如,防止其在辅导过程中受到攻击、伤害,避免隐私泄露等情况),也包括对辅导对象生理安全的考量(例如,确保辅导环境安全、辅导活动实施过程安全等)。

总之,朋辈团体心理辅导方案的设计应充分体现人性化要求,要对辅导对象负责、为辅导对象考虑。在方案的设计过程中,辅导员应充分预见辅导过程中可能出现的各类问题,并制定相关预案,防患于未然,以防止辅导对象受到伤害,避免辅导过程受到消极影响。

第二节 朋辈团体心理辅导方案设计的步骤

通过对朋辈团体心理辅导方案进行设计,辅导员的思路更清晰,操作更便利,这对于增强辅导过程的计划性、规范性和实效性都有一定的促进作用。因此,能够合理地设计朋辈团体心理辅导方案,也就成为辅导员必须掌握的一项基本技能。结合学校朋辈团体心理辅导实践经验,本节将介绍方案设计的一些基本步骤,希望能够给朋辈团体心理辅导员以启发和借鉴。

一、朋辈团体心理辅导方案设计的一般步骤

在设计朋辈团体心理辅导方案时,辅导员应立足于辅导目标,以辅导对象心理需求和发展状况为出发点,充分考虑可利用的优势资源。

(一)针对辅导对象心理需求和发展状况,确定辅导名称

为了有效激发广大学生对朋辈团体心理辅导的兴趣和参与朋辈团体心理辅导的热情,辅导员在进行方案设计时,有必要为其取一个具有吸引力的名称。一般来说,确定名称需要考虑辅导的主题,要能凸显主题的核心意义,而且还要考虑辅导对象的年龄特点、文化背景、心理承受程度等。名称

应生动、形象、新颖和独特，且具有正向、积极、易于理解的属性。应该注意，无论用什么样的词句为辅导团体命名，都要充分彰显辅导主题。

辅导名称内涵应该丰富，不仅要能引发人们的想象，还应凸显辅导的目标与主题。名称用词要精练，避免冗长拖沓，还应注意使用正面、积极的词汇，不要贴标签。例如，关于增强自信心的朋辈团体心理辅导，名称中不宜出现"自卑"等词语；关于解决失恋问题的朋辈团体心理辅导，名称中不宜出现"失恋"等词语，目的就是防止辅导对象心理受到伤害。总之，朋辈团体心理辅导的名称要简洁、形象，有感召力和吸引力，还应体现人文关怀，给人以鼓励和支持的印象。朋辈团体心理辅导名称举例如下。

朋辈团体心理辅导名称举例

朋辈团体心理辅导主题	朋辈团体心理辅导名称
新生环境适应	缘自一家人、风雨同舟、携手起航、相逢是首歌
自信心提升	风雨后的彩虹、我能行、天生我才、我的未来不是梦
情绪管理	我的情绪我做主、快乐每一天、五彩心情、多彩情绪
提高人际交往技巧	你我同心、我要成为"万人迷"、相见欢、打开心门做朋友
大学生恋爱	浪漫的事、我们的幸福、因为爱情、恋爱那些事、爱的智慧
生涯规划	扬帆远航、我的梦想、我的未来不是梦、生涯觉察、筑梦未来

（二）清晰表述并深刻理解朋辈团体心理辅导的目标

作为有计划的心理影响活动，朋辈团体心理辅导必须具有明确的目标。这不仅是规范朋辈团体心理辅导员辅导行为的标尺，也是辅导双方共同努力的方向。因此，在表述朋辈团体心理辅导目标时，辅导员一定要用词简洁，言简意赅，要采用结果的形式进行表达，而非过程的形式。例如，"通过辅导，帮助成员学会什么、明白什么、改变什么、提高什么、发展什么、形成什么"属于结果的形式，"学习什么"则是过程的形式，这种表述不可取。另外，为了使辅导目标的表述更清晰，辅导员可以将目标分层表达。例如，设定一个总目标，再将其细化分解为具体目标等。通过清晰表述目标，辅导双方可达成合作共识，一起为实现辅导目标而努力。而这一点能否实现，在很大程度上取决于辅导双方对目标是否理解和认同。所以，在设计朋辈团体心理辅导方案时，辅导员一定要真正理解和领悟辅导目标，明确目标的内涵与意义,并反复思考目标能否被辅导对象理解和接受,并据此精心设计实现目标的操作方案。这是朋辈团体心理辅导过程中各种技术与技巧应用的基础,也是辅导员效能发挥的重要前提。

在朋辈团体心理辅导过程中,常常会出现目标明确,但辅导对象感觉收获不大,或者辅导员自己感觉辅导吃力的情况。导致这一情况发生的原因有很多,但辅导员自己对辅导目标理解不深入、对主题认知不清晰,通常是一个比较主要的原因。例如,以"增强成员自信心"为目标的朋辈团体心理辅导,看似目标明确、清晰,但辅导员对这一目标的内涵还必须进行细致分析和深入理解。起码要明确什么是自信心,增强自信心对个体发展有什么作用或意义,具有自信心的个体会呈现出哪些特征,缺乏自信心的个体又有哪些具体表现,自信和自负有什么不同,怎样才能有效增强自信心等问题。对辅导目标、活动主题理解得越深入,辅导员的思维越开阔,辅导思路越清晰,辅导内容也就越丰富。

(三)确定朋辈团体心理辅导的对象

在朋辈团体心理辅导方案中,应说明要对什么样的个体进行辅导,即明确辅导对象。朋辈团体心理辅导的对象可以是自愿报名参加的,也可以是由老师或相关人员、相关机构推荐或转介过来的。但无论是通过哪种渠道成为朋辈团体心理辅导对象的个体,都必须具有与辅导目标相匹配的期望和需求,要具有参与辅导的积极性和主动性。

此外,辅导员应该清楚,不是所有人都适合作为辅导对象来参加朋辈团体心理辅导的。辅导员应在辅导前期对报名者的基本状况进行了解,分析其所要解决的问题是否为心理问题,是否具有心理性,还要考虑其是否能够与团体相融合,是否能够配合辅导员。如果辅导对象个性太强,敏感、多疑、性格较孤僻或具有攻击性,或者存在其他心理偏差,不但不能使自己在辅导过程中有所收获,而且还有可能伤害到其他成员、影响辅导进程,甚至影响辅导员的自信心和自我评价。因此,确定什么样的人为朋辈团体心理辅导的对象,辅导员需谨慎,需在设计朋辈团体心理辅导方案的过程中认真考量。

(四)确定朋辈团体心理辅导的规模

朋辈团体心理辅导的规模,具体来说就是参加朋辈团体心理辅导的成

员人数。朋辈团体心理辅导规模的大小，即参加辅导的人数多少，对于辅导效果具有直接影响。严格地说，规模太大或太小都不适合朋辈团体心理辅导的开展。

如果朋辈团体心理辅导规模太大，参加活动的个体较多，辅导现场可能会气氛活跃，但也可能会出现混乱和局面失控的情况。辅导员难免会感觉力不从心，难以应对。如果朋辈团体心理辅导规模太小，参加辅导的对象人数过少，又很难营造辅导所需的互动气氛，辅导对象的交流、分享会受到限制，辅导效果也会受到影响。

因此，辅导员在设计朋辈团体心理辅导方案的时候，要充分考虑辅导目标的要求和辅导运作的需要，客观确定辅导规模。尽管目前朋辈团体心理辅导的理想人数究竟应为多少，尚无统一规定，但在高校大学生发展性辅导过程中，8~20 人是一个比较理想的辅导规模。

(五) 确定朋辈团体心理辅导的时间

为了增强朋辈团体心理辅导的计划性和规范性，在朋辈团体心理辅导方案的设计中，应该体现对辅导时间的规划与安排。要设计清楚什么时候进行朋辈团体心理辅导，一个辅导活动分为几次进行，每次的辅导时间有多久，从什么时候开始辅导、何时结束等。辅导员应该注意结合辅导对象心理发展的现有水平、实际状况和所要解决问题的严重程度，来确定朋辈团体心理辅导的次数和周期。一般问题越复杂、越严重，团体历程应该越持久。这样不仅会给辅导对象创设一个成长的空间，也有助于辅导效果的巩固与迁移。如果是一般指导性的以发展、教育为主的朋辈团体心理辅导，也可以通过一次辅导来进行。

一般情况下，朋辈团体心理辅导可每周进行 1~2 次，每次的时间最好控制在 1 个小时左右，最长不要超过 2 个小时，以保证辅导员和辅导对象都能以饱满的热情、充沛的精力参与到辅导活动中来。当然，辅导员在实际操作中，在预先规划的基础上可以根据实际情况灵活调整，不必刻板地执行计划。

总之，朋辈团体心理辅导的频次应该根据具体目标、解决的问题、辅导对象的特点来进行评估和确定。应注意，只要问题能够得到顺利解决，辅导目标可以有效达成，辅导周期就不要拖得太长。否则，不仅会使得辅导对象筋疲力尽,对辅导产生厌烦和抗拒,而且辅导员也会感觉心力交瘁,影响辅导热情。

(六)确定辅导团体的性质

在朋辈团体心理辅导过程中,对辅导团体性质的确定会影响辅导技术和方法的选择。因此,辅导员应该根据对辅导对象心理需求的了解和评估,围绕要达成的辅导目标,进行有针对性的设计。

确定辅导团体的性质,实际上就是要确定团体是结构式还是非结构式的,是开放式的还是封闭式的,是同质性的还是异质性的,是发展性的还是治疗性的。由于高校的朋辈团体心理辅导通常以教育性、发展性功能为主,且辅导对象间的相似性比较高,因此,根据这一实际情况及辅导员的特点,高校朋辈团体心理辅导更适合建立结构式、同质性、封闭式和发展性团体。

(七)确定朋辈团体心理辅导的辅导员

在朋辈团体心理辅导方案中,要对辅导员的情况进行介绍与说明,包括辅导员的姓名、专业资质、学术背景、辅导经历、人格特质等。通过对辅导员背景的介绍,力求说明其胜任本辅导工作的原因和条件。如果在辅导过程中有助手,方案中也应对助手的相关情况进行说明。如果为了更全面、客观地对朋辈团体心理辅导的实施过程进行了解和评估,还可以设置观察员,并在方案中对其情况进行说明。

如果条件允许,朋辈团体心理辅导过程中最好能够聘请具有丰富专业知识和实践经验的老师和专家担任督导员。督导员不仅可以为辅导员提供鼓励和支持,还能在辅导员遇到棘手问题时及时给予帮助和指导。同时,督导员对辅导过程的监督和评估,也可以为辅导员提供完善辅导操作的意见和建议,从而增强朋辈团体心理辅导的实效。

(八)确定朋辈团体心理辅导的地点

朋辈团体心理辅导的地点应在方案中进行说明。一方面是为了方便辅导双方熟悉辅导环境,保证其顺利找到辅导地点并开始活动;另一方面也是为了提醒辅导员对辅导环境进行先期考察和布置。辅导员在选择辅导地点时应注意以下几点:交通便利,易于寻找;环境温馨、安全,有助于降低辅导对象的心理防御水平;设施和布置简洁,确保辅导对象的身心安全;空间宽敞,以便于活动进行;周围环境安静,远离噪声,以避免辅导过程受到干扰。

总之,朋辈团体心理辅导地点的选择,应以方便、安全、温馨、实用为主。

(九)设计辅导对象的招募方式

在朋辈团体心理辅导方案中,应体现对辅导对象进行招募的方式。例如,是通过海报宣传进行招募,还是指定相关成员等。关于朋辈团体心理辅导对象的招募,总的原则是自愿参与。用何种方式进行招募,如何进行招募,辅导员可以根据学校的实际情况,可利用的资源、条件及辅导需求进行选择和确定。辅导员需注意,在招募的过程中,一定要把朋辈团体心理辅导的名称、目的、招募要求、活动时间与地点、报名方式、联系人及截止日期等信息交代清楚,帮助大家初步了解辅导内容,方便其做出决定。同时,招募宣传应客观、实事求是,不要盲目夸大辅导的功能与作用,也不要无原则地做出不负责任的承诺,以免在辅导过程中不能兑现,引发辅导对象的不满或信任危机。

(十)借鉴相关文献与资料,丰富和完善朋辈团体心理辅导方案

朋辈团体心理辅导员在进行方案设计时,应拓宽思路,开阔视野,广泛搜集和借鉴相关文献与资料,为朋辈团体心理辅导方案的设计提供理论和技术支持,同时取他人之长,补己之短,使所设计的方案更充实、完善且具有可操作性。

辅导员对文献资料的借鉴应该围绕辅导目标的实现来展开,要有针对性和目的性。借鉴的内容可以包括朋辈团体心理辅导的基本理论,如团体动力学、社会心理学、心理咨询和心理辅导的基础知识,也可以是他人设计的、与自己的辅导目标相匹配的、具有一定科学性和实效性的现成辅导方案。不过,对相关资料的借鉴要具有批判性和创新性,不能简单地照搬照抄。一方面,这些文献资料和现成方案不一定是最正确或最完美的;另一方面,辅导员也应考虑自己的特点和实际情况,他人设计的方案不一定完全符合自己的特点和风格。因此,辅导员应该在批判的基础上借鉴,在借鉴的过程中创新,摸索形成符合自己特点和实际情况的朋辈团体心理辅导思路和模式。

(十一)设计朋辈团体心理辅导的评估项目

为了及时对朋辈团体心理辅导效果进行评估和检测,有效评价辅导对象的发展状况、辅导目标的实现程度,以及发现辅导员在辅导过程中的优点

和不足,完整的朋辈团体心理辅导方案应该包括效果评估这一环节。一般情况下,高校的朋辈团体心理辅导评估主要有以下方式:辅导员的自我总结、观察员的观察反馈、辅导对象的辅导反馈、督导的意见和评价以及辅导对象重要相关他人的评估等。

对朋辈团体心理辅导的评估,可以根据实际情况选择其中一种,或同时使用几种方式共同配合来进行。但不论选用何种评估指标,都应注意所获得的评估信息要客观、真实与准确。评估过程要严谨、公正,不要掺杂个人感情或主观情绪,以免影响评估结果的科学性和公正性。为此,辅导员一定要端正对评估的态度,提高认识,理解评估工作对完善朋辈团体心理辅导进程、增强辅导效果所具有的积极意义。效果评估不应被视为简单的检查活动,而应被看作对辅导对象发展、辅导员成长以及辅导实效提升不可或缺的重要环节,因此,辅导员应认真做好朋辈团体心理辅导效果的评估工作。

(十二)设计朋辈团体心理辅导的具体实施方案

朋辈团体心理辅导具体实施方案的设计,是朋辈团体心理辅导方案设计的核心。在朋辈团体心理辅导具体实施方案中,辅导员要规划好辅导活动整体框架和流程,编订详细的辅导计划,周密设计和清晰表达辅导过程的活动安排,同时,也要把自己的设计理念、辅导思路和意图呈现出来。这是朋辈团体心理辅导最直接、明确且具体的操作指南。由于辅导过程是一个动态活动过程,辅导对象的行为表现、彼此之间的互动状态以及辅导结果都带有一定的不确定性,因此,辅导员除精心设计具体实施方案外,还有必要设计一些备用的活动,以应对辅导过程的弹性变化。

(十三)对朋辈团体心理辅导方案进行演练、修订和完善

理论上的方案构想与具体实施的效果之间可能存在一定的差距。为了保证朋辈团体心理辅导顺利进行、预期任务点有效突破、预期目标真正得以实现,建议辅导员在辅导方案初步设计完成之后,一定要对其进行反复修订,力求尽善尽美。在这一过程中,辅导员可以就方案设计的基本理念、具体活动安排与督导教师或其他朋辈心理辅导员进行交流和讨论,听取大家的意见并从新的视角对方案进行审视与修订。此外,辅导员还可以将预期辅导对象以外的其他学生作为对象,将辅导方案进行预演,在预演的过程中听一听"辅导对象"的感受和意见,发现辅导过程中的问题和不足,并以此为

依据对辅导方案进行修订。

　　此外,在预演的过程中,辅导员还应充分预见各种可能性并做好应对措施,以确保在具体操作中镇定自若、游刃有余,使朋辈团体心理辅导的作用真正得以体现和发挥。朋辈团体心理辅导方案设计表举例如下。

朋辈团体心理辅导方案设计表

一、朋辈团体心理辅导名称:
二、朋辈团体心理辅导目标:
三、朋辈团体心理辅导性质:
四、朋辈团体心理辅导员: 　　助手: 　　观察员: 　　督导员:
五、朋辈团体心理辅导对象:
六、朋辈团体心理辅导规模:
七、辅导对象招募方式:
八、朋辈团体心理辅导时间(包括次数与具体活动时间):
九、朋辈团体心理辅导地点:
十、朋辈团体心理辅导的理论依据:
十一、朋辈团体心理辅导评估方式:
十二、朋辈团体心理辅导实施方案:
十三、参考文献:

　　以上是朋辈团体心理辅导方案设计的基本步骤。由于不同的朋辈团体心理辅导目标、辅导对象特点、辅导员的个人特质和领导风格各不相同,具体实施方案的设计必然会存在差异。但不管如何进行方案设计,重点内容应有所体现,尤其是辅导目标、辅导的基本流程等,必须作为重点予以说明。

第三节　朋辈团体心理辅导中的常见问题及对策

为了保证朋辈团体心理辅导的顺利进行,辅导员通常都会认真做好辅导工作的前期准备,包括对辅导方案的设计和各种相关预案的准备等。然而,理论的构想与实践的操作之间难免存在差距,即使辅导员精心做好准备工作,仍然有可能会遇到一些棘手的问题,需要寻求有效策略积极解决。

一、辅导对象招募遇到困难,无法顺利招募到预期人数

朋辈团体心理辅导,一般是通过辅导对象自愿报名、辅导员筛选的方式来组建辅导团队的。但是在实际的辅导对象招募过程中,有时会出现宣传海报张贴后无人问津,或口头宣讲、推介活动认真开展但报名者寥寥无几的情况。甚至在报名截止时,辅导对象的报名人数仍然达不到预期,令辅导员感到焦虑。

(一)产生问题的原因

1. 宣传不到位

例如,宣传海报摆放位置不醒目,没有摆放在学生集中的地方;海报设计不新颖,不能引起学生的兴趣与关注;关于朋辈团体心理辅导相关内容的说明不清楚,学生不能正确理解辅导内容,因而不敢或不愿意参与相关活动。

2. 辅导对象的认识存在偏差

(1)对朋辈团体心理辅导本身缺乏正确认识:不清楚、不了解辅导的性质、作用与功能,不敢轻易参与。

(2)对心理健康和心理健康教育的认识存在偏颇:认为接受心理帮助意味着自己"有病",会被别人说闲话,不愿参与辅导活动。

(3)对自身状况缺乏正确认识:无法客观认知自己的心理发展状况,不能发现或不愿承认自己存在心理困惑与压力,因而拒绝接受心理帮助。

(4)对辅导员缺乏信任:不认为辅导员能够提供有效的帮助,因而不屑参与辅导活动。

（二）解决问题的对策

1. 加大心理健康知识的宣传及普及力度，帮助广大学生端正对心理问题和心理健康教育的正确认识。

2. 通过宣传海报、校园网、广播站、社团活动等载体，详细介绍关于朋辈团体心理辅导的相关内容，引起学生关注。

3. 经常组织、开展团体心理活动，激发学生参与心理活动的兴趣。

4. 完善朋辈团体心理辅导对象的招募过程。拓宽招募渠道，丰富招募形式。

5. 改进招募海报的设计形式，增强宣传效果。例如，使海报设计更醒目和美观，增强吸引力；关于辅导内容的介绍应言简意赅、清楚明了、生动形象，具有感召力和趣味性；可配发关于朋辈团体心理辅导过程的相关照片，增强直观感受等。

6. 如果通过各种宣传后，仍难以保证辅导对象的数量，还可以通过学生会、系部或老师的帮助，推荐相关人员参与朋辈团体心理辅导。

二、辅导对象缺乏热情，辅导过程气氛沉闷

在朋辈团体心理辅导过程中，辅导员最担心的事情就是辅导对象缺乏参与热情。他们或是彼此不能进行有效沟通、交流，或是对辅导员的引领不能积极回应，或是不愿意参与辅导活动，或是在辅导过程中沉默，不表态、不发言、冷眼旁观等。无论发生哪种情况，都会使得辅导气氛紧张、沉闷，使辅导员慌乱，不知所措。

（一）产生问题的原因

1. 与辅导对象对朋辈团体心理辅导的认识有关

一般来说，辅导对象对朋辈团体心理辅导的了解存在一定的局限性。当他们不清楚辅导的运作特点与方法，不清楚自己该做什么、该怎么做的时候，容易持先观望的姿态。

2. 与辅导对象对辅导员的信任度不够有关

由于辅导员年龄、背景与辅导对象之间有很大的相似性，辅导对象对其专业水平和实践能力难免会有怀疑，担忧其是否能够给自己以有效的帮助和指导。因此，他们会对辅导员进行试探、观察和考量，在辅导过程中会表

现得缺乏热情和主动性。

3. 与辅导对象的性格特点有关

如果辅导对象的性格比较内向、害羞、胆小、自尊心强,或者以前曾经参与过朋辈团体心理辅导但有过不愉快的经历,这些情况都会使他们在辅导过程中表现得比较谨慎,不敢主动参加辅导活动,担心自己的表现不被别人认同和接纳。因此,在朋辈团体心理辅导过程中,他们会表现得比较沉默。

4. 辅导对象不是主动报名参加朋辈团体心理辅导的

在实际操作中,会有一些辅导对象不是主动报名参加朋辈团体心理辅导的。他们可能是被老师推荐、班级安排或由于其他原因出现在辅导团体中的。由于其本身对朋辈团体心理辅导没有什么期望和兴趣,来参加辅导时必然会感觉到无奈,难免会心存抗拒。

5. 对朋辈团体心理辅导的运作不满意

一些辅导对象是主动报名来参加朋辈团体心理辅导的,原本对辅导过程也有兴趣和热情。但在辅导过程中,如果他们的心理需求未能得到满足,对辅导员的组织指导不满意,或感觉辅导团体的发展与自身期望存在差距时,他们就会逐渐丧失兴趣,表现出倦怠情绪。

(二)解决问题的对策

1. 在朋辈团体心理辅导的初期,或进行辅导对象招募时,辅导员应就朋辈团体心理辅导的性质和运作特点进行充分、客观的说明,使辅导对象对辅导内容有深刻的认识与了解,打消他们的心理顾虑。

2. 辅导员要对辅导目标进行解释与说明,帮助辅导对象调整心理预期,对朋辈团体心理辅导形成适度的期望。

3. 辅导员要加强自身的专业修养,提升辅导操作技能,在辅导对象面前,尤其是在辅导初期,要展现出冷静、理性、专业、有内涵的特质。辅导员要能够妥善处理辅导过程中遇到的问题,以提高辅导对象对辅导员、辅导活动本身的信任度。

4. 辅导员应对辅导对象充分表达理解、接纳、尊重与鼓励,使他们得到认同与感召,尽快融入辅导团体。

5. 营造活跃的辅导气氛,充分调动辅导对象的积极性。辅导员通过心理游戏使他们彼此之间有效互动,这有利于增强团体凝聚力,积极改善辅导

双方关系。

6. 辅导员应加强与辅导对象的沟通和交流,了解他们不投入的原因,有区别、有针对性地进行引导。

特别要注意的是,在辅导过程中,可能有些成员会表现得比较沉默、少言寡语,看似不投入,但这可能是他们在进行成长性思考,或者是一种默许和支持。辅导员一定要注意鉴别和区分。

三、辅导时间掌控不好,进行速度太快或者太慢

朋辈团体心理辅导的时间是事先设定好的,为了完成预期的辅导任务,辅导员要有时间观念和对时间的掌控能力。但在实际的辅导过程中,会出现以下情况:有的辅导员方案设计得很详细,看似有序合理,但操作中很快就结束了辅导过程,剩余的时间不知所措;也有的辅导员不能按计划推进辅导进程,每个环节都很拖拉,在规定时间内不能完成预期任务。

(一)产生问题的原因

1. 辅导前期准备不充分

为使辅导活动顺利开展,辅导员必须在辅导前做好充分的准备。但有的辅导员在思想上对这一要求重视程度不够,过分相信自己,对各环节的用时缺乏有效的计划和安排,认为自己可以临场妥善处理各种问题,结果为朋辈团体心理辅导出现状况埋下了隐患。

2. 缺乏对辅导团体的掌控,容易被辅导对象所左右

有的辅导员缺乏角色意识,不能有效发挥自己的主动性和引领作用。例如,当辅导对象对某一环节或某一活动感兴趣,情绪高涨,不愿意结束时,辅导员一味迁就,不能根据辅导计划有效掌控和处理。成员的交流、分享偏离主题或者超出计划时间时,辅导员不做处理,任由其发展等。这些现象无疑会损害辅导员的专业化形象以及团体活动的有序发展。

3. 辅导员的专业能力有所缺失

个别辅导员专业能力不足,不能有效运用朋辈团体心理辅导的基本理论与实践知识,方案设计主线不清晰,活动创设不适宜,对于偶发事件或一些具体问题缺乏妥善处理与应对的方法与技巧,不能发挥对辅导团体的领导功能,也难以科学地分配与规划时间等,这些因素共同导致团体发展难以

达到预期目标。

(二)解决问题的对策

1.认真做好辅导前的准备

辅导员要认真做好辅导前的准备,包括精心设计方案,对方案中每一个环节的时间分配要进行合理规划。辅导员要设想辅导过程中可能出现的问题,做好相关预案。要设想如果辅导过程推进速度过快、用时较少该怎么办,辅导过程推进速度过慢、规定时间内不能完成任务该怎么办,要有预案,有打算。

2.一定提前进行朋辈团体心理辅导方案的预演

朋辈团体心理辅导员本来实践经验就不够丰富,灵活应对的能力也有待提高。为了避免在辅导过程中因出现问题而措手不及,辅导员一定要在正式辅导之前进行朋辈团体心理辅导的实际操作预演。辅导员应仔细体会各个环节时间分配是否合理、能否在实际操作中有效控制时间,还要准备好一旦辅导过程进行过快或过慢时的应对预案,做到防患于未然。

3.辅导过程中要有时间观念,力求遵循计划中的时间安排

在辅导过程中,一些辅导员容易将注意力聚焦于辅导内容本身,而忽略了对时间的掌控。因此,辅导员一定要有时间观念,辅导前对各环节的时间分配要烂熟于心。在操作中,在关注辅导内容的同时,辅导员一定要把握住时间,提醒自己遵循既定的时间分配计划。当然,在实际的辅导过程中,辅导员是可以根据现场具体情况对辅导计划进行调整的,但总的方向和时间安排不应出现太大的变化。

4.有效发挥助手或观察员的作用,协助辅导员掌控时间

为防止辅导员进入辅导角色后忽略对时间的掌控,在朋辈团体心理辅导的过程中,可充分发挥助手或观察员的作用。辅导员应事先与他们沟通好,让他们熟悉辅导过程中的时间安排,并帮助辅导员关注、掌握时间,通过一定的方式提醒辅导员各环节的时间。但应注意,助手或观察员对辅导员的时间提醒,最好事先有约定好的暗号,以暗示的方式进行比较妥当,以避免由于直接提醒而打断辅导员的思路或分散辅导对象的注意力。

四、辅导过程气氛活跃,但实效性不强

在实践中会发现,一些朋辈团体心理辅导的过程看似进展顺利,辅导气

氛非常活跃,成员的热情也很高,但辅导结束时,辅导对象总会感觉没什么收获,辅导员也会觉得目标达成情况不理想。

(一)产生问题的原因

1.辅导员过于关注辅导气氛,而忽略了辅导目标

有的朋辈团体心理辅导员担心不能调动辅导对象的积极性,害怕辅导过程中出现冷场。因此,他们大量使用团体心理游戏,淡化了辅导主题与目标,忽视了团体心理游戏对实现辅导目标的辅助功能,只是一味地带领辅导对象进行游戏互动,以游戏代替辅导,导致朋辈团体心理辅导流于形式。

2.辅导员本身对辅导目标、辅导主题的理解不够深入,不能有效发挥引领作用

朋辈团体心理辅导是否具有实效,在很大程度上取决于辅导员对辅导目标、辅导主题的认知程度。辅导员对于辅导目标和辅导主题理解和领悟得越深刻,在辅导过程中以其为主线的自觉性就越强。一些辅导员前期功课做得不到位,准备不充分,对辅导目标、辅导主题的理解很肤浅甚至不准确。那么,他们在实际的辅导操作过程中,就难以明确辅导活动的重点,不清楚实现辅导目标的有效方法和途径,更不知道应该如何引导辅导对象真正实现预期目标。所以,在朋辈团体心理辅导过程中,这些辅导员对于核心问题一带而过,或敷衍或回避,也非常害怕辅导对象深入探索而使自己不能应对。因此,辅导活动难免草草收场。

3.辅导员经验与知识储备不足,不知如何引领辅导对象在团体心理游戏中获益

在朋辈团体心理辅导过程中,团体心理游戏是激发辅导对象积极性,促使其受到启发与促动,实现自我成长,最终达到辅导目标的重要手段。不过,团体心理游戏对实现辅导目标的作用能否发挥,不是取决于其本身,而是取决于游戏之后辅导员对辅导对象是否能够有效引导。

一些朋辈团体心理辅导员的阅历、经验、辅导操作的能力与水平还比较有限,自己对团体心理游戏的寓意、作用理解得不够深刻,也不知道应该怎样引导辅导对象从中有所收获。他们可能根本就不重视分享环节对辅导对象成长的作用,导致其对团体心理游戏后的分享环节处理不当,引导、挖掘不深入,与辅导目标整合不紧密,这些都难免会造成辅导的运作偏差。

（二）解决问题的对策

1. 辅导员要正确认识辅导气氛与辅导目标之间的关系

辅导气氛对辅导目标的实现的确具有影响作用，但并不是朋辈团体心理辅导的核心。对于这一点，辅导员必须形成正确认识。在朋辈团体心理辅导过程中，需要营造活跃的团体气氛，以激发辅导对象的参与热情，搭建辅导工作平台，但这只是实现朋辈团体心理辅导目标的一种手段，不是目的。因此，在实际的辅导过程中，辅导员应该营造活跃的辅导气氛，但不能把焦点仅仅局限于此。

2. 辅导员要深入理解辅导目标，以目标的实现为辅导主线，贯穿辅导全程

要想使朋辈团体心理辅导取得实效，使辅导对象在辅导过程中得到成长和完善，辅导员对辅导目标必须进行深入理解。辅导员既要清楚辅导目标的达成状态，又要明确实现辅导目标的基本要求，并以辅导目标的达成为主线，贯穿辅导全过程。

例如，在辅导之初，辅导员就应该强调辅导目标，使辅导对象聚焦主要努力方向，引起其思想重视；在辅导过程中，辅导员要始终强调辅导目标的导向作用，引导辅导对象的思维方向；在辅导结束时，辅导员还要再次明确目标、升华主题，使辅导对象在辅导过程中一直线索清晰，知道自己在做什么、该做什么、朝什么方向努力。

3. 辅导员要正确认识团体心理游戏的作用，重视团体心理游戏的分享环节

团体心理游戏是朋辈团体心理辅导过程中不能或缺的重要手段，但其仅仅是手段，而不是目的。对于这一点，辅导员要清醒地认识到，团体心理游戏作用的真正发挥，取决于团体心理游戏后的分享环节。因此，在朋辈团体心理辅导的实际操作过程中，辅导员要深入分析团体心理游戏与辅导目标实现之间的关系，要挖掘团体心理游戏对辅导对象心理发展的促进性因素，更要精心设计团体心理游戏后的分享环节。

第七章　朋辈团体心理辅导的评估

在完成了上述各阶段的任务之后,朋辈团体心理辅导还有一个非常重要的环节需要关注,那就是朋辈团体心理辅导的评估。这是检验辅导是否顺利达到预期目标、是否有效促进辅导对象成长的重要指标,也是评价辅导员工作有效性、辅导对象满意度、辅导进程合理化的重要手段。通过评估,能够进一步发现辅导计划与辅导进程中的优点与不足,不断完善朋辈团体心理辅导的设计与实施方案,切实提升辅导员的专业技能水平。

第一节　朋辈团体心理辅导评估的概述

一、朋辈团体心理辅导评估的概念与必要性

(一)什么是朋辈团体心理辅导的评估

朋辈团体心理辅导的评估,指的是辅导员通过多种途径,运用行之有效的方法对朋辈团体心理辅导过程中的工作状态、辅导团体特征、辅导员功能、辅导对象的变化、辅导目标的实现情况等方面的信息,进行收集、分析与整理,以客观、准确地评价朋辈团体心理辅导效果的工作过程。

(二)朋辈团体心理辅导评估的必要性

在朋辈团体心理辅导过程中,评估是不能忽略的一个重要环节。它既是一个完整辅导过程的重要组成部分,也是促进辅导员专业成长,确保辅导取得实效的重要途径。

1.对朋辈团体心理辅导的评估,可以帮助辅导员和辅导对象客观认知辅导成效

朋辈团体心理辅导是否成功,关键要看辅导目标是否达成,辅导对象的

心理需求是否得到满足。而如何对这一问题进行评定与衡量呢？这就要通过系统、客观、审慎的评估来实现。辅导员需要通过对多方面信息、资料的收集与整理，对照辅导目标，结合朋辈团体心理辅导的操作要求，根据辅导对象辅导前后的变化进行客观考量，这样才有可能对辅导成效做出准确评定。

2. 对朋辈团体心理辅导的评估，可以促进辅导员的专业成长

朋辈团体心理辅导的过程，既是为辅导对象提供心理服务的过程，也是为辅导员专业成长创设平台的过程。在这一过程中，辅导员究竟会有哪些成长和变化，还需要在哪些领域进一步完善和提高，通过对辅导效果进行评估就可以清楚明了。

一方面，在辅导评估的过程中，辅导员会发现自己的优点，增强自信心；另一方面，辅导员也可以从不同视角发现自己在辅导操作过程中所存在的缺点和不足，明确自己进一步发展的方向。这对于增强辅导员的主动性，提高其朋辈团体心理辅导操作的能力无疑会发挥积极的促进作用。

3. 对朋辈团体心理辅导的评估，可以进一步完善朋辈团体心理辅导工作，增强辅导实效

评估的目的不仅仅表现为对辅导效果的评价，更重要的是为改进、完善朋辈团体心理辅导过程，切实增强辅导实效。通过评估，可以总结有效的辅导方法和经验，也可以不断发现问题与不足，明确努力方向，从而为朋辈团体心理辅导过程的修正与完善提供具有针对性和实效性的指导与借鉴。

二、朋辈团体心理辅导评估的内容

朋辈团体心理辅导的评估应贯穿辅导过程的始终。因此，所涉及的评估内容也比较丰富。

（一）对朋辈团体心理辅导计划的评估

朋辈团体心理辅导计划，是朋辈团体心理辅导操作的基本规划，涉及从辅导主题确定到辅导对象招募、辅导流程等各个方面的系统安排。辅导计划是否客观、科学、具有操作性，会直接影响朋辈团体心理辅导本身是否具有成效，辅导对象能否真正有所收获和成长。因此，在辅导工作正式开始之前，应对朋辈团体心理辅导计划进行系统评估。

具体的评估方法包括以下几点:通过辅导员的陈述与讲解,评估辅导计划的有效性;通过督导员、观察员、相关辅导对象的意见和建议评估辅导计划的可行性等。其主要目的是通过评估,分析辅导目标是否清晰、具体、实际、合理,从而评估辅导计划的针对性与实用性。

(二)对朋辈团体心理辅导过程的评估

朋辈团体心理辅导是否能取得成效,与朋辈团体心理辅导过程是否有序、严谨、合理有着密切的关系。因此,在进行朋辈团体心理辅导评估时,应将对辅导过程的评估视为一个重要内容予以关注。

在朋辈团体心理辅导过程的评估中,重点应考量辅导气氛的营造情况、团队的凝聚力与互动水平、辅导对象的积极性与参与程度、辅导时间与辅导计划安排的合理性和执行情况、辅导内容的可行性、辅导活动环节安排的层次性与有效性等。这一评估工作应在整个辅导过程的各个阶段进行,绝不是要等到辅导结束之后才开始。而且,在进行过程评估时,辅导员应注意发现问题,并及时矫正与改进,这才是评估的意义所在。

(三)对朋辈团体心理辅导效果的评估

对朋辈团体心理辅导效果进行的评估属于总结性评估,通常是在朋辈团体心理辅导结束之后进行的。在这一评估中,辅导员一般会引领辅导对象共同对辅导过程进行回顾和分析,使其认识所取得的收获。同时,也要发现辅导过程中存在的缺点与不足,为进一步完善朋辈团体心理辅导工作提出意见与建议。

对朋辈团体心理辅导效果的评估,重点要评估的是辅导对象的收获、他们心理需求的满足程度、对辅导过程的满意程度等。辅导员要在这一过程中注意了解辅导对象对于辅导团体、辅导员操作、辅导过程的看法与主张,为以后朋辈团体心理辅导工作的开展与完善积累经验。

第二节　朋辈团体心理辅导评估的开展

关于朋辈团体心理辅导的评估工作应该由谁来进行,谁才是评估的主体等问题,辅导员一定要有正确的认识和开阔的视野。应该认识到,要想获得关于朋辈团体心理辅导过程客观、全面的评价信息,评估的主体应该是多元化的,既可以包括辅导员本人,还可以包括督导员、观察员、辅导对象以及辅导对象的重要相关他人。

一、督导员

在高校中,朋辈团体心理辅导其实是学生之间的心理自助与互助相结合的工作过程,辅导员的专业知识储备与实际操作能力难免存在缺陷与不足。因此,整个辅导过程是需要由专业教师来指导、帮助与督导的。作为督导员,教师也可以作为一个评估主体,对朋辈团体心理辅导的进程进行评估与考核。这包括以下几方面:在辅导开始前,对辅导计划完善程度的评估;在辅导过程中,对辅导流程运作、辅导员表现、辅导对象状态的评估;辅导结束后,对辅导效果的评估,等等。

督导员作为评估主体所开展的评估工作,可以通过以下方式进行:亲临辅导现场,根据所获得的第一手资料进行评估;通过与朋辈团体心理辅导员、辅导对象、观察员、助手等不同层面的朋辈团体心理辅导相关人员的沟通、交流,整理、分析相关信息进行评估;通过阅读朋辈团体心理辅导方案设计、活动记录、辅导对象反馈等文字资料、录音、录像进行评估。但无论通过哪种方式进行评估,督导员都应注意获得信息与资料的客观性与完善性,并在评估后对辅导员及时进行帮助与指导。

二、朋辈团体心理辅导员

辅导员对朋辈团体心理辅导的评估主要包括两个方面的内容:一方面是对自己在辅导操作过程中的状态和表现所进行的自我评估;另一方面是对辅导的过程与效果所进行的评估。

辅导员的自我评估,主要是对辅导员角色的扮演、领导功能的发挥、辅导技术的应用、对辅导对象的引领、对突发事件及特殊成员的处理,以及对辅导过程的推进等方面的评估。

辅导员对辅导过程的评估,主要是对辅导气氛、团体工作、辅导对象的表现、辅导流程、辅导团体发展以及辅导目标实现等方面的评估。

朋辈团体心理辅导员作为评估主体在开展评估工作的时候,一定要注意以预先设定的辅导目标为标尺来进行,以保证评估操作的指向性和可操作性。朋辈团体心理辅导员自我评估表举例如下。

<h3 style="text-align:center">朋辈团体心理辅导员自我评估表</h3>

朋辈团体心理辅导名称		
第　单元	单元名称	
活动时间	年　月　日　辅导员姓名	

1. 你对自己本次朋辈团体心理辅导的组织与完成情况满意吗？请说明理由。

_____。

2. 你认为本次朋辈团体心理辅导的预定目标实现了吗？为什么？

_____。

3. 你认为在本次朋辈团体心理辅导过程中，自己对哪些问题的处理是最成功的？为什么？

_____。

4. 你认为在本次朋辈团体心理辅导过程中，自己对哪些问题的处理不尽如人意？为什么？

_____。

5. 你认为在本次朋辈团体心理辅导过程中，辅导对象的表现怎么样？

_____。

6. 你认为通过本次朋辈团体心理辅导，辅导对象是否发生了成长与变化？请说明理由。

_____。

7. 在本次朋辈团体心理辅导过程中，辅导对象是否配合？你认为其配合或不配合的主要原因是什么？

_____。

8. 你认为辅导对象在本次朋辈团体心理辅导过程中存在哪些问题？

_____。

9. 你认为自己在本次朋辈团体心理辅导过程中有哪些优点？

_____。

10. 你认为自己在本次朋辈团体心理辅导过程中存在哪些不足？

_____。

11. 通过本次朋辈团体心理辅导的实施，你认为自己在哪些方面还需要进一步提高与完善？

_____。

12. 你对以后朋辈团体心理辅导的开展有哪些意见或建议？

_____。

三、辅导对象

朋辈团体心理辅导是为辅导对象的心理发展服务的,所以,辅导活动的安排是否合理、辅导过程是否严谨有序、辅导效果是否达到预期,辅导对象的感受最为真切,也最有发言权。因此,在朋辈团体心理辅导的评估过程中,辅导对象是非常重要的评估主体。

辅导对象主要可以通过对辅导员的引领状态、领导功能,辅导对象自身积极性被调动的程度、对团体的参与程度、与其他辅导对象的互动情况、对辅导团体的归属程度和满意程度等方面对辅导工作进行评估。辅导对象可以将自己的评估意见直接与辅导员、观察员或督导员进行交流,也可以将意见或建议以书面方式提交给相关人员,从而为朋辈团体心理辅导的进一步完善提供参考。朋辈团体心理辅导对象反馈表举例如下。

朋辈团体心理辅导对象反馈表

朋辈团体心理辅导名称			
活动时间		成员姓名	
1. 请您对本次朋辈团体心理辅导进行简单评价。 _____ 。			
2. 您认为自己在本次朋辈团体心理辅导中有收获吗?请具体说明。 _____ 。			
3. 您认为本次朋辈团体心理辅导存在哪些问题? _____ 。			
4. 您认为辅导员在本次朋辈团体心理辅导过程中,哪些方面表现得比较好? _____ 。			
5. 您对辅导员在本次朋辈团体心理辅导过程中哪些方面的表现不满意? _____ 。			
6. 您对朋辈团体心理辅导还有哪些意见或者建议? _____ 。			

四、观察员

在朋辈团体心理辅导过程中,观察员可以从第三方的视角对辅导员的

表现、辅导对象的状态与变化以及辅导进程等内容进行客观的认知与评价。因此,观察员也是朋辈团体心理辅导评估中的重要主体。

观察员对朋辈团体心理辅导的评估,主要是从辅导员、辅导对象、辅导团体效能等维度来进行的。其评估的内容主要涉及以下几个方面:

1. 考量辅导员对辅导对象的调动、组织与引领情况,辅导员对偶发事件的处理情况,以及对辅导技术的运用情况。

2. 考量辅导对象的表现、配合度、彼此间的互动性以及辅导对象的变化情况。

3. 评估辅导计划的合理性和可操作性、辅导目标的实现程度等。

总体来看,观察员的评估可以为朋辈团体心理辅导工作的改进提供更客观的意见和建议。朋辈团体心理辅导观察员评估表举例如下。

朋辈团体心理辅导观察员评估表

观察员:_____　　　_____年____月____日

朋辈团体心理辅导名称:

朋辈团体心理辅导员:

亲爱的观察员:

　　您好! 请您在朋辈团体心理辅导的过程中认真对辅导员的工作、辅导对象的表现和朋辈团体心理辅导的开展情况进行观察,并对下列问题进行客观、如实地描述与回答。感谢您对本次朋辈团体心理辅导的帮助与支持。谢谢。(您可以在观察 20 分钟以后回答下列问题,1~11 题在相应答案下面画"√")

　　1. 在本次朋辈团体心理辅导过程中,辅导员的仪表是否适宜?　　　　是　　　否

　　2. 辅导员的开场组织是否得当、有吸引力?　　　　是　　　否

　　3. 团体秩序是否规范、有序?　　　　是　　　否

　　4. 团体气氛是否轻松、温馨、和谐?　　　　是　　　否

　　5. 辅导对象之间是否积极互动与交流?　　　　是　　　否

　　6. 辅导对象对辅导员的领导是否配合?　　　　是　　　否

　　7. 您认为本次朋辈团体心理辅导的主题是否突出?　　　　是　　　否

　　8. 您认为本次朋辈团体心理辅导的目标是否明确?　　　　是　　　否

　　9. 您认为辅导对象对本次辅导的主题或目标是否明确?　　　　是　　　否

　　10. 您认为本次朋辈团体心理辅导的时间安排是否合理?　　　　是　　　否

　　11. 您认为本次朋辈团体心理辅导是否能够完成计划任务?　　　　是　　　否

续表

12. 本次朋辈团体心理辅导过程中是否出现突发事件？如果出现，请简要说明。 _____。 13. 辅导员是如何对突发事件进行处理的？您认为处理得当吗？为什么？（如无突发事件，可不答） _____。 14. 本次朋辈团体心理辅导过程中是否出现了特殊辅导对象？如果出现，请简要说明。 _____。 15. 辅导员是如何对待特殊辅导对象的？您认为方法得当吗？（如无特殊辅导对象，可不答） _____。 16. 请您对辅导员在本次朋辈团体心理辅导过程中的表现进行简要评价。（包括优点和缺点） _____。 17. 请您对辅导对象在本次朋辈团体心理辅导过程中的表现进行简要评价。 _____。 18. 请您对本次朋辈团体心理辅导的过程进行简要评价。 _____。 19. 请简要说明您对本次朋辈团体心理辅导的意见和建议。 _____。

五、辅导对象的重要相关他人

朋辈团体心理辅导是否真正帮助辅导对象实现成长与转变，不能仅根据辅导对象在辅导情境中的表现来评定，还需关注其在离开辅导情境之后，在现实生活中是否有所成长和进步。在这方面，与辅导对象关系密切的重要相关他人的感受最为直接和真切。

因此，辅导员应该在朋辈团体心理辅导结束一段时间之后，与辅导对象的重要相关他人，如父母、同学、朋友、老师等进行沟通与交流，获取关于辅导对象在参加朋辈团体心理辅导前后心理和行为上发生改变的客观信息与资料，并引导身边的人感受辅导对象的进步，及时为他们提供鼓励与支持，从而为巩固辅导成果、增强辅导对象的社会适应性创造条件。辅导对象的重要相关他人评估表举例如下。

辅导对象的重要相关他人评估表

_____:

　　您好！为了及时了解_____同学参加"_____"朋辈团体心理辅导后所发生的变化，不断改进我们的朋辈团体心理辅导工作，助力该同学实现心理的健康成长与发展，特向您了解该同学生活表现情况。请您根据近三个月以来对该同学的了解，客观、如实地回答下列问题。

　　请放心，您的回答没有正误、好坏之分，也不会对该同学产生任何影响。我们会对您的回答资料予以保密。谢谢您的合作。

　　1. 您觉得他(她)近期有什么变化吗？

　　_____。

　　2. 您觉得他(她)最近心情怎么样？

　　_____。

　　3. 您觉得他(她)近期身体健康状况如何？

　　_____。

　　4. 他(她)乐于与人交往吗？

　　_____。

　　5. 他(她)对待他人的态度是怎样的？

　　_____。

　　6. 他(她)对待学习的态度是怎样的？

　　_____。

　　7. 他(她)乐于参加各种活动吗？

　　_____。

　　8. 他(她)的做事风格是怎样的？

　　_____。

　　9. 他(她)如何对待所承担的任务或工作？

　　_____。

　　10. 他(她)能否自觉遵守相关的制度与纪律规定？

　　_____。

　　11. 他(她)对自己的认识和评价如何？

　　_____。

续表

<table>
<tr><td>

12. 他(她)对自己的生活状态满意吗?

_____。

13. 目前,您对他(她)的评价是怎样的?

_____。

14. 您认为他(她)在哪些方面还需要进一步完善与提高?

_____。

15. 请根据您的了解,对他(她)参加朋辈团体心理辅导后,在身心各方面(身体健康程度、学习、生活、交往情况等)的变化进行简要说明。

_____。

</td></tr>
</table>

第八章　朋辈团体心理辅导中的心理游戏

朋辈团体心理辅导中的心理游戏,也称作团体活动、技术、游戏等。在朋辈团体心理辅导过程中,为了营造辅导气氛,吸引辅导对象积极参与,促进他们彼此之间的互动与成长,经常会使用团体心理游戏这种辅导手段。那么,什么是团体心理游戏?团体心理游戏对于辅导对象的成长、辅导目标的实现又具有哪些影响?在实际操作中又该如何有效地应用呢?

第一节　团体心理游戏的内涵与功能

一、团体心理游戏的概念

团体心理游戏,是指根据一定的目标精心设计,需要团体成员遵守特定的规则,通过共同协作来完成既定任务的活动形式。由于团体心理游戏形式上生动、有趣,对个体具有一定的吸引力,因而对朋辈团体心理辅导具有积极的影响。但这种游戏不同于一般的休闲性游戏,它的目标指向性比较明确,操作规则非常清晰,具有其独有的属性和特点。

二、团体心理游戏的特点

(一)目标的明确性

团体心理游戏的创设,目的性非常清晰,或是通过游戏的开展促进成员相识,或是通过成员参与游戏,促使其自我探索,或是使成员在游戏过程中受到某一方面的启发和影响,得到成长和进步。总之,每一个团体心理游戏在开展前,都有一个明确的目标界定。

（二）操作的规范性

团体心理游戏的操作有明确的规则和程序,成员需要严格按照规则要求,完成既定任务。这一特点使得团体心理游戏的进行规范、有序,也为有效实现团体心理游戏的目标提供了保障。

（三）形式的灵活性

团体心理游戏的形式生动、灵活,可以是静态的团体讨论,也可以是动态的活动操作。其适应人群比较广泛,一般情况下,静态的团体讨论比较适合成员年龄稍长的团体,而动态的活动操作则更适用于青少年团体。其实,无论是静态还是动态的团体心理游戏,在运用时形式都是比较灵活的。例如,可以使用音乐、绘画等艺术手段,可以进行纸笔练习,也可以开展角色扮演,等等。不同的活动形式为团体心理游戏增添了活力和趣味性,激发成员的参与热情。

（四）功能的多元性

团体心理游戏根据既定目标而创设,可以满足不同任务的要求和不同成员的心理需求。即使是同一种团体心理游戏,由于领导者运用的角度不同,也会体现出不同的作用与功能。比如,团体心理游戏最表层的作用是使成员放松身心,在此基础上还可以使成员之间熟识、了解,建立信任关系,增强团队凝聚力,增强成员归属感与安全感,促使成员心理受到启迪与促动,实现心理成长的功能。团体心理游戏功能多元化,使得其适用性非常广泛,对实现朋辈团体心理辅导目标具有推动作用。

三、团体心理游戏的类型

（一）室内团体心理游戏与户外团体心理游戏

根据活动场地的不同,团体心理游戏可以分为室内团体心理游戏与户外团体心理游戏两类。

1. 室内团体心理游戏

室内团体心理游戏,指的是在固定房间内所开展的团体心理游戏。这种团体心理游戏对场地要求不严格,具备宽敞明亮、温度适宜且安全的条件即可。由于参与成员的数量受场地限制,活动的规模相对比较小,20～30人

比较合适。若人数较多,最好将成员分成若干组,否则容易造成场面混乱,难以掌控。

室内团体心理游戏举例:如果生命可重来

（1）活动目的

协助成员悦纳自我,提升自我效能感,同时,引导成员正确理解幸福的内涵,懂得珍惜当下所拥有的一切。

（2）活动过程

①引导成员分享自己对幸福、命运的理解,并思考自己当下的生活境遇。

②辅导员整理成员交流、分享的内容,归纳成员的观点。

③辅导员拿出写有不同生活境遇的卡片,引导成员思考:假如时光倒流,你希望选择怎样的生活?

④辅导员将卡片放在一个盒子里,让成员从盒子里随机抽取一张,并提醒抽到卡片之后,无论好坏,都不允许更换。如果成员执意要求更换,辅导员可以将事先准备好的生活境遇更差的卡片与其更换,成员可以选择是否继续更换。

⑤成员依次分享自己抽到的卡片上的内容。

⑥辅导员引导成员思考:你觉得自己的新生活怎么样? 与当前状态相比较,哪个境遇是你更想拥有的? 对于其他成员的新生活,你有何感想? 如何看待自己目前的状态? 通过这个游戏有哪些收获与体会?

⑦辅导员整理成员分享的内容,引导大家认识到,要面对现实、悦纳自我,珍惜现在所拥有的一切。

应注意,卡片上的描述有可能与一些成员的真实情况相吻合。对此,辅导员应事先了解成员的基本情况,避免这一现象发生。如果不知道能否避免,辅导员应在游戏开始前说明,这仅仅是一次游戏,并不是针对某一成员。如果与某一成员的实际情况恰巧符合,希望成员理解,并表示歉意。游戏中如果的确发现与某一成员的实际情况吻合,辅导员应再次对其进行解释并真诚地表达歉意,以免对成员造成心理伤害。

2.户外团体心理游戏

户外团体心理游戏,是一种有效利用户外自然环境,通过精心设计的活动内容,促使成员在解决问题的过程中认识自身潜能,提升自信体验,增强责任意识,不断进行自我成长的活动形式。

在开展户外团体心理游戏过程中,辅导员通常会利用环境特点,创设一些具有挑战性的情境,促使成员激活内在潜能,参与团队互动,在克服困难的过程中实现个人成长。这种团体游戏不仅具有一定的难度,而且效果也较为明显。但是,户外团体心理游戏对场地的要求比较多,不仅要求场地范围大、具备安全性,更要求其有助于挑战情境的创设。

户外团体心理游戏举例:你我同心

(1)活动目的

促进成员之间的交流与互动,培养彼此间的信任与合作意识,积极构建团队凝聚力。

(2)活动道具

1个口哨,两种不同颜色的眼罩或蒙眼布,1个足球。足球充气不需特别饱满,能够正常使用即可,但要保证踢球的时候,足球不会滚得太远,以方便活动的进行。

(3)场地要求

最好是在规范的足球场进行该游戏。如果不能在足球场上进行,也应选择一个足够大的空旷场地,并在场地上标清边线、球门及场地四角。

(4)活动过程

①选出2~3名成员作为游戏过程的监督员,负责监督游戏,并同时保障游戏中成员的安全。

②将其他成员分成人数相等的两个小组,每个小组内的成员再两两一组,其中一人需要蒙上眼睛。同一小组内的成员所使用的眼罩或蒙眼布颜色要统一。

③说明规则:两个小组间将进行一场足球比赛,每个小组要努力将球踢入对方球门,进球多的一方为胜利方。但要求队伍中只有蒙眼的成员才可以踢球,其搭档则要协助其完成踢球活动,如告知场内状况、所处位置及操作方法等。但是,作为助手的成员不允许与同伴发生身体接触,彼此只能通过语言进行沟通与交流。

④在踢球过程中,被蒙上眼睛的成员需保持身体特定的姿态,即弯曲双肘,手掌向外,手的高度与脸齐平。这样在蒙眼踢球的过程中,如果发生意

外碰撞,可以较好地保护自己,避免或减轻对身体的伤害。

⑤比赛的过程中,双方的场地上都设有球门,但是都没有守门员,每个小组只要将足球踢进对方球门即可得一分。

⑥辅导员担任整场比赛的裁判。当任何一方将球踢入球门之后,都要把球拿回到场地中间,重新开始新一轮比赛。

⑦引导成员交流分享:蒙眼踢球时有何感受? 协助蒙眼的成员完成踢球任务时有何感受? 进球成功时的心情怎样? 获胜的一组获得胜利的原因是什么? 失败的一组失败的原因是什么? 通过参加本游戏有什么收获或感想?

(二)纸笔练习与肢体运动

根据团体心理游戏的活动方式,可以将其分为纸笔练习与肢体运动两类。

1.纸笔练习

纸笔练习是一种为成员创设问题情境,引导其进行思考,使其将相应的思考结果写在纸上,并在团体内与其他成员进行交流与分享的游戏形式。这种游戏形式为成员提供了深入思考的空间,有助于成员集中注意力,培养成员的深入探索能力。

纸笔练习举例:这就是我

(1)活动目的

促进成员积极开展自我探索,对自身形成客观的认识。

(2)活动过程

①向成员发放事先准备好的纸笔。

②要求成员认真思考,回答下列问题:

我的优点是_____。

我的缺点是_____。

我的性格是_____。

我最擅长的是_____。

我最害怕的是_____。

父母认为我是_____。

老师认为我是_____。

朋友、同学认为我是 _____。

我希望自己是 _____。

③填写完成后,引导成员在团体中交流、分享参加本游戏的感受与体会。

2.肢体运动

肢体运动,是指通过成员进行肢体动作或彼此之间发生肢体接触所进行的团体游戏。这种游戏形式通常应用于团体破冰、热身等环节。肢体运动可以有效激发成员参与团体活动的热情,促进成员之间的接触与交流,对于营造团体氛围,建立接纳和支持的团体关系具有积极作用。

肢体运动举例:铺路搭桥

(1)活动目的

通过成员间相互协作完成任务,促使其积极互动,增强合作意识和团队精神。

(2)活动过程

①将成员分成若干个6人小组,排成一列纵队。

②准备一片空旷场地,假设其为一条河流。

③每个小组的成员站到起点,代表是河的一边,并为每组发放4块泡沫板,代表搭桥的木板。

④比赛开始后,每个小组要使用4块泡沫板,从起点出发,脚不能直接落到地上。成员不断向前铺放泡沫板,踩到上面,并不断向前铺放前行,直至到达终点。

⑤小组成员全部到达终点,代表铺路搭桥过河的任务完成。最先到达终点且符合要求的一组获胜。

⑥任务完成后,引导成员分享收获与感受。

除上述几种常见的类型外,考虑到不同的任务与要求,团体心理游戏还有其他的表现形式,比如角色扮演、情景剧、绘画等。

四、团体心理游戏的功能

(一)激发成员参与辅导的兴趣,降低其心理防御水平

团体心理游戏虽然以心理影响为重点,但由于其仍然具有游戏的特质,

比较轻松、生动且富有一定的趣味性,对于成员宣泄情绪、减轻心理压力、放松心情都具有一定的促进作用。尤其是对于心理缺乏安全感、焦虑程度和防御水平都比较高的成员来说,这是一种比较有效的影响方式。

（二）增强团队凝聚力,增强成员的归属感

团体心理游戏通常需要通过成员间的互动来进行。在这一过程中,他们彼此之间的交流、合作增多,相互间越来越信任。这不仅能让成员感受到被支持、被认同,而且在互动的过程中还会进一步增强彼此的情感联系,增强团队凝聚力,使成员产生强烈的归属感。

（三）激发成员的潜在能力,促进成员成长

团体心理游戏强调对个人能量的调动,需要每位参与者都为达到游戏目标而努力。在为达成目标而努力的过程中,成员的潜在能力会被激发,有助于其对自我进行重新认识和评估,这无疑会推动其心理发展与成长。

（四）增强成员的自信心和自我效能感

团体心理游戏为每位参与者都提供了展示自我的平台。在游戏的过程中,成员会展现潜在能力,还会得到其他成员和辅导员的认同与鼓励,从而产生成功体验,更多地发现自己的优点与长处。成员自信心不断增强,对自我价值和主控性的评价会越来越积极,自我效能感得以增强。

（五）促进成员的人际交往,增强其社会适应性

团体心理游戏以人际互动为基础。在互助、配合的过程中,成员彼此间的沟通、交流机会增多,人际交往能力提升。同时,成员在这个互动过程中所习得的经验又可以在团体心理游戏这个实验情境中得以应用和练习,这对于帮助成员完善行为方式、增强社会适应性具有促进作用。

第二节　团体心理游戏的应用

尽管团体心理游戏对于朋辈团体心理辅导具有重要作用,但必须认识到,团体心理游戏只是辅导过程中的一种手段,其作用的发挥并不取决于游戏内容本身,而是取决于如何有效地运用。运用得当,团体心理游戏对于辅导活动的开展、辅导对象的成长会起到促进的作用;运用不当,团体心理游

戏则会对辅导形成阻碍。

一、团体心理游戏设计与实施时应考虑的因素

(一)辅导目标

团体心理游戏的功能必须与辅导目标相匹配,要有助于辅导目标的达成与实现。如果不能发挥这一作用,再有趣的游戏,即使辅导对象热情高涨、乐于参与,也是毫无意义与价值的。设计与选择任何一个团体心理游戏之前,辅导员都必须充分考虑既定目标的作用。要清楚通过团体心理游戏的实施,要达到怎样的结果,是否有助于辅导目标的实现,参与游戏的成员会发生哪些变化。在明确目标的前提下,设计和选择的团体心理游戏才会指向清晰,才有可能发挥实效。

(二)游戏规模

设计与选择团体心理游戏时,需充分考虑游戏规模。要规划好该游戏的互动人数、分组情况、小组人数等。参与人数的多少对于团体心理游戏的实施效果具有一定的影响,因此,事先一定要计划周详。

(三)场地要求

为保障团体心理游戏顺利实施,在设计团体心理游戏之前要考虑场地的影响。要清楚该游戏适合在室内还是在户外进行。如果在室内进行,场地的大小、温度、设施、采光是否有要求?如果在户外进行,需要什么样的自然环境?需要有哪些特殊准备?总之,要充分考虑场地状态可能对游戏效果产生的影响,要保证辅导对象的身心安全。

(四)道具要求

许多团体心理游戏在进行的过程中是要使用道具的。因此,进行游戏设计时,要考虑为突出游戏实效可以使用哪些道具,是否需要纸笔,是否需要音乐,是否需要使用眼罩、绳子、剪刀等其他工具。这些不仅要计划好,而且在具体应用时一定要事先准备好,不要出现现场临时找道具的情况。尤其是辅导员,一定要熟悉每种道具的使用方法和呈现时机,以保证团体心理游戏能够真正发挥应有的作用。

(五)活动时间

不同的团体心理游戏所需要的时间是不同的,辅导员应事先了解整个

辅导活动的时间安排,规划好每个游戏的具体时长,结合朋辈团体心理辅导进程合理规划,并在实施过程中予以遵循。

（六）呈现时机

团体心理游戏的创设要与朋辈团体心理辅导推进的过程相匹配。在不同的朋辈团体心理辅导发展阶段,辅导对象的心理需求与辅导任务是不同的。团体心理游戏需要与其相适应,以有效发挥其作用与功能。例如,在朋辈团体心理辅导的初期,辅导对象需要降低心理防御水平,消除紧张感,辅导的任务是促进他们快速相识,建立轻松的团体气氛。那么,在此阶段,辅导员所选择的团体心理游戏就应该符合这些要求与特征,应具有活跃气氛、放松身心、有助于初步建立良性人际互动关系的作用。如果在辅导活动初期,辅导团体发展还不成熟的情况下贸然使用一些需要辅导对象进行深入自我探索和自我暴露的团体心理游戏,只能使辅导对象感受到团体压力,产生紧张、胆怯情绪,甚至会拒绝参与后期的辅导活动。因此,辅导员对团体心理游戏的选择一定要注意合适的时机。

（七）游戏规则

任何一个团体心理游戏都要有清晰的操作程序和规则,以此来说明其具体的操作步骤和应注意的问题。因此,对于辅导员来说,在选择和开展团体心理游戏时,对游戏规则必须规划合理,方便辅导对象操作,并且对此要非常熟悉,以便在游戏开始前能够准确说明,在辅导对象不理解时能够正确地解释和予以指导。

（八）设计好讨论和分享的问题

团体心理游戏对于朋辈团体心理辅导目标的达成、辅导对象心理发展所具有的推动作用,主要是通过游戏后的讨论和分享环节实现的。因此,在设计和使用团体心理游戏时,对于讨论和分享的环节应予以充分的重视。除预留足够的时间方便辅导对象深入思考、交流和分享之外,辅导员还应在团体心理游戏开始前就设计好能引发成员思考和分享的问题,预想可能的讨论方向,并做好反馈和指导的准备,以避免团体心理游戏流于形式或偏离目标方向。

二、应用团体心理游戏时要注意的问题

(一)要灵活运用,不能刻板操作

团体心理游戏作用的真正体现和发挥,受到许多因素的影响和制约,如团体气氛、整合状态、成员的个性特点、彼此的人际关系状态、互动程度等。因此,任何一个团体心理游戏,无论其设计得如何规范和严谨,都不可能是万能的。使用者必须对团体的现场状态有清晰的认识,根据实际情况及时进行调整,灵活运用。否则,刻板执行计划,操作难以达到预期效果。

(二)要关注游戏过程,更要重视辅导对象的分享

团体心理游戏的趣味性通常是一些辅导员和辅导对象关注的重点。辅导员希望借此吸引辅导对象参与,辅导对象也易将其视为单纯的娱乐过程,而团体心理游戏本身的价值、功能及作用则常常被忽视。因此,在一些辅导操作中,辅导员带领辅导对象完成游戏之后,不提游戏的意义,也不引发其思考在游戏中的收获,这无疑会使团体心理游戏简单地停留在娱乐的层面,应有的价值难以体现。

(三)合理安排团体心理游戏,不能简单罗列

辅导员应该正确认识团体心理游戏的功能和性质,选择恰当的时机,合理安排和使用,要避免在辅导的过程中,一个游戏连着一个游戏,却不给辅导对象探索的机会。一些辅导经验不足、对自身能力缺乏信心的辅导员,因担心辅导气氛不活跃、辅导对象参与热情不高涨,或是不做游戏不知道自己该说什么、做什么时,就很容易采取将几个团体心理游戏简单罗列、堆积的做法。这样做看似辅导气氛活跃,辅导员心理上也会比较轻松,但实际上已经偏离了朋辈团体心理辅导正确的方向,是缺乏责任和效能的表现。

(四)团体心理游戏的选择与使用要与辅导对象的身心特点和人格特质相匹配

不同的团体心理游戏,对辅导对象的特质、身心特征的要求是不同的。例如,有的团体心理游戏需要辅导对象进行一定强度的肢体活动,那么,就需要充分评估其健康状况,明确其是否存在生理疾病或健康隐患。一些团体心理游戏需要异性之间进行较多的交流、协作与互动,那就要充分考虑辅导对象的文化背景与心理习惯是否能够接受。一些团体心理游戏需要辅导

对象敢于在众人面前表达或表现,那么,一些性格内向、敏感、胆小的辅导对象就会觉得难以接受。所以,辅导员在选择团体心理游戏的时候,需要充分了解辅导对象,准确把握其心理发展特征与基本状态,使团体心理游戏的性质与操作和其身心发展特点、人格特质相匹配,这样才会最大限度地发挥团体心理游戏的功能与作用。

(五)团体心理游戏的选择与使用要适度

由于团体心理游戏具有一定功能,加之辅导员个人经验和能力因素,一些辅导员在辅导过程中会大量使用团体心理游戏,甚至出现以团体心理游戏代替心理辅导,用团体心理游戏组成辅导全过程的现象。这么做可能会使辅导气氛活跃,减轻辅导员压力,但也会使辅导对象对朋辈团体心理辅导作用与功能产生疑惑,甚至将其简单理解为放松身心的课余活动。

三、团体心理游戏实例

(一)促进成员相识的团体心理游戏实例

1.我们是一家

(1)活动目的

促进成员彼此熟悉与了解,营造和谐的团体氛围。

(2)活动过程

①将全体人员分成3~4个小组,每组5位成员。

②要求成员先在小组内进行自我介绍,讲清楚自己的姓名、所在班级、兴趣爱好等信息。

③全体成员自我介绍完成后,每组选出一位成员,代表小组向团体介绍本小组所有成员。介绍时应尽量完整呈现组内每一位成员的表述信息,也可以在介绍中加入自己对组内成员的评价。

④每个小组介绍完成后,其他小组都要选派代表,用一句话对该组成员的发言进行简要评价。评价的内容必须是正面、积极的,不能出现消极、负面的词语。

需注意,向团体介绍本小组成员的代表和评价其他小组的代表不能是同一个人。

⑤以此类推,直至所有小组都完成自我介绍以及对其他小组成员的

评价。

⑥引导成员进行交流和分享:小组代表是如何记住组内全体成员的信息的? 对其他小组进行肯定性的评价时,自己的心情是怎样的? 听到别人介绍自己时,内心的感受如何? 自己的小组被其他小组进行积极评价时,内心体验又是怎样的?

2. 我的名字

(1)活动目的

促进成员相互熟识,形成温馨的人际氛围。

(2)活动过程

①全体成员围圈坐好,逐一站起来进行自我介绍,并说明自己名字的由来,家长给自己所起的名字背后有什么寓意,蕴含哪些祝愿和期望,自己是否喜欢自己的名字,原因是什么。

②成员分享,通过刚才的活动记住了哪些人的名字,谁的名字让自己印象最深刻,原因是什么。

③成员讨论,听到大家对自己名字的解读有何感想,在这个活动中有哪些收获。

(二)增强团队凝聚力的团体心理游戏实例

1. 小猫钓鱼

(1)活动目的

促使成员在相互协作、共同完成任务的过程中形成团队意识,增强集体归属感。

(2)活动过程

①全体成员分成两组,每组 5 人,分别站成一列。

②在每个小组的起点摆放一个装有少量水的矿泉水瓶,以及一根拴着普通钉子或其他大小相等代替物的绳子,用来代表鱼竿。

③要求每组成员依次将"鱼竿"放到瓶子里,将瓶子钓起来,向前奔跑 5 米,再返回起点,将瓶子放到地上,由下一位成员重复上述过程,直到小组全体成员依次完成任务。用时最短的一组获胜。

④引导成员分享在活动中的感受和体会,强化其团队意识和归属感。

2.越过屏障

（1）活动目的

培养成员对团队的信任与依赖,增强成员的集体意识与合作意识。

（2）活动过程

①选择空旷、开阔且平坦的场地,做好活动准备。

②将成员分成人数相等的小组,在每组前方距离地面1.2米处,用绳子或竹竿设置屏障,并在上面装上铃铛。

③要求小组成员在不碰触屏障、不弄响铃铛的前提下,全体从屏障上方越过。在这个过程中,小组成员需集思广益,可以使用各种方法,但不能从屏障下方通过。如果有成员碰到屏障或弄响铃铛,小组成员都要退回起点,重新开始。

④活动结束后,引导成员交流和分享:成功越过屏障或未能越过屏障的原因是什么？完成任务的过程中小组成员是如何分工的？完成该任务时,哪些部分是最困难的？大家是如何应对与解决的？完成该任务最重要的条件是什么？通过参与这一活动,有哪些收获和体会？

⑤辅导员引导成员认识到团队中相互信任、彼此协作的重要性。

（三）增强责任意识的团体心理游戏实例

1.默契考验

（1）活动目的

使成员接纳与认同团体,增强团体归属感和责任意识。

（2）活动过程

①全体成员起立,手拉手围成一个大圆圈,辅导员站在圆圈中央。

②在辅导员发出"齐步走"的指令下,所有人同时朝着辅导员的方向走5大步。如果在这一过程中,来自不同方向的成员相互碰到,要主动错开,继续前行。

③走完5步后全体立定,此时队形已打乱,然后从任意一名成员开始报数。

④报数的过程中,每个人只能报一次,同一个人不可以连续或重复报数,成员彼此之间也不可以相互提醒、交流、暗示,两名成员之间的报数间隔不得多于5秒,否则均视为违反规则。

⑤如果有成员违反规则,则需重新开始任务,直至所有成员遵守规则,准确完成报数,活动方可结束。

⑥任务完成后,引导成员讨论和分享:在任务完成的过程中,怎样才能做到顺利、准确地报数? 报数失败的原因是什么?

⑦引导成员认识到,在团体生活中要注意增强彼此协作,增强责任意识,提升团队凝聚力。

2.我来说,你来做

(1)活动目的

促使成员认识到沟通的重要性,增强交往的主动意识。

(2)活动过程

①成员分成两人一组,背靠背围圈而坐。同时,给每人发放一张大小、形状相同的纸。

②在辅导员下达指令(如"将手中的纸对折、再对折,撕掉其中一个角"等)后,成员按要求完成撕纸任务。撕纸过程中,成员之间不可以用语言进行交流、不可以相互观望,也不许向辅导员提出任何问题或要求其进行说明与解释。

③成员展示作品。此时会发现,尽管辅导员的指令是相同的,但成员作品完成的效果却不相同。

④引导成员讨论出现上述结果的原因。

⑤进行第二轮游戏,重复上述环节。依旧要求成员在辅导员的指令下完成撕纸动作。但此次允许成员间进行语言交流,可以转过身互相观察彼此的动作,也可以向辅导员提问,或要求辅导员对相关操作要求进行解释与说明。

⑥任务完成后,成员展示作品。此时会发现,本次操作不同成员撕纸的结果基本相同。

⑦辅导员引导成员交流、分析两次撕纸任务在同一指令下完成,结果为什么差异较大,帮助成员认识到人与人之间交流、沟通与互动的重要性,增强其与他人互动的主动意识。

(四)促进成员增强自我认知的团体心理游戏实例

1. 我知我心

(1)活动目的

帮助成员打破思维定式,积极挖掘自身未被发现的潜在特质与能力,重新审视自我,增强对自我的客观认知。

(2)活动过程

①为成员分发画纸和彩笔,要求他们仔细思考后,在纸上画一个卡通头像来代表自己。

②成员仔细观察自己画的图画,感受内心的变化,并给这个头像起一个名字,然后回答下列问题:

看着这个卡通头像,我的心情_____,我觉得自己_____。

这个卡通头像最能反映我的以下特点:_____。

我发现自己其实有一些值得欣赏的地方,比如_____、

_____、_____。

回顾自己的成长历程,我发现自己最开心的事情是_____。

在以往的学习和生活中,我最成功的事情是_____,

这件事之所以成功是因为我具有以下特质和能力:_____。

我希望20年后的自己是这样的一个人:_____,

之所以能够成为这样的人是因为我_____。

为了真正成为这样的人,我要在以下方面不断努力:_____。

如果送给自己一句话作为礼物,我想对自己说:_____。

③引导成员分享自己的回答,其他人听后用掌声对其表示鼓励。

④引导成员发现自己从前不太在意或未曾发现的优势与特点,增强自我认同。

2. 美梦成真

(1)活动目的

帮助成员认清自己的理想与未来规划,明确自己的行动目标。

(2)活动过程

①成员围圈而坐,辅导员播放轻柔的背景音乐。在辅导员的引领下,成员闭上眼睛,放松身心,调整心理状态。

②引导成员认真思考自己对未来的想象与憧憬。

③为每位成员发放纸笔,要求其按照自己对梦想期待实现的程度排序,完成下列表格:

我的梦想

序号	我的梦想	产生这一梦想的原因	实现梦想的方法	实现梦想的时间
1	梦想1:			
2	梦想2:			
3	梦想3:			
4	梦想4:			
5	......			

④引导成员在团体内分享自己的梦想,并说明自己认为哪个梦想最具有实现的可能性,以及自己为此应该如何努力。

⑤成员全部分享结束后,引导其思考自己在这个活动中的收获与启发,从而使成员客观认识自己的梦想,明确成长目标与努力方向。

第九章　新生适应朋辈团体心理辅导

第一节　新生适应朋辈团体心理辅导的基本理论

在高校朋辈团体心理辅导过程中,新生适应问题是一个值得心理健康工作者关注的重要课题。许多刚结束高中阶段紧张的学习生活、进入大学校园的新生,往往会在短时间内出现许多不适应的情况,包括对生活环境、教学氛围、教学方法、集体生活、学校管理模式等方面的不适应。

在入学初期,新生出现心理上的不适应是一种正常且普遍的现象。如果这种不适应存在时间不长,对正常的学习和生活影响不显著,通常经过一段时间的磨合与调整便可自行缓解。但是,如果这种不适应持续时间较长,难以自行消退或减弱,就很有可能使得个体的情绪受到困扰,产生焦躁、紧张、不安和茫然等负面情绪,进而出现身心反应,对正常的学习、生活乃至社会功能造成一定的影响。

所以,重视对新生的适应辅导,帮助刚刚进入大学校园的学生迅速适应新的生活环境和人际关系,对于构建和谐有序的校园秩序、促进学生身心健康发展具有重要意义。

一、新生适应朋辈团体心理辅导的作用

(一)有助于新生迅速实现角色转变,改善人际关系

新生适应朋辈团体心理辅导是以团体为单位,在同学之间开展的以提升适应性为目标的心理帮助活动。朋辈团体心理辅导员通常是高年级学生,他们具有一定的大学生活和社会适应的相关经验。在辅导的过程中,他们可以向新生全方位地介绍校园环境、大学特点以及学习和生活等方面的

经验,帮助新生迅速了解并熟悉大学,积极实现从高中生到大学生的角色转变。辅导对象多为年龄、经历和心理需求相近的同学,彼此之间具有共同语言、相似的思维方式和成长需求,容易相互理解与支持。开展此类辅导活动,可以使新生发现问题的普遍性,减轻心理焦虑,又可以扩大其人际交往范围,帮助其获得人际互动的经验,不断改善人际关系。

(二)有助于新生增强团队归属感,有效适应新环境

朋辈团体心理辅导是以团体活动为载体来开展的。在这一过程中,辅导对象要以团体目标为引领,遵守团体规则,履行责任义务,体验个人行为对团体的影响。辅导对象的心理功能和行为表现也同样会在活动中被辅导氛围、团体凝聚力以及他们之间的协作关系所影响。这在一定程度上会使辅导对象对辅导团体产生认同感和依赖感,不断增强团队意识和协作意识,发展自尊、接纳、合群的心理品质,进而增强对新环境的适应能力。

(三)有助于新生端正自我认识,明确未来规划

在新生适应朋辈团体心理辅导过程中,通过完成团体任务以及与其他成员的沟通与互动,新生能够在具体情境中获得启发,澄清问题,进一步明确自我认识,深化自我体验,发现自身优势与存在的问题,并不断地对自我进行调整和完善。这一过程也有助于辅导对象进一步明确自我追求,为未来设定更清晰的方向与目标。

二、新生适应朋辈团体心理辅导过程中应重点关注的内容

(一)对现实环境的适应

在进入大学之前,许多新生通常会在脑海中对未来的大学生活进行理想化的构想。如憧憬优美大气的校园风光、错落有致的教学楼、现代化的教学设备以及舒适的生活环境等。但理想与现实难免存在差距,当他们真正进入大学校园后,现实中的大学环境可能会使其失望,产生心理落差,甚至觉得懊恼、后悔,不愿意融入新环境开始新的生活。

(二)对学习活动的适应

大学的教学状态与高中时期的教学状态存在较大差异。大学阶段更注重学生的自主学习能力与主观能动性的发挥。教师教学进度快、容量大,而

且通常是合班授课,难以顾及个体差异性。这对于习惯了以往中学阶段学习模式的新生来说,一时间难以适应。他们可能跟不上教师的进度,或是找不到有效的方法,或是缺乏学习的自觉性和自控力,从而感觉茫然无措。

（三）对管理模式的适应

不同的高校有不同的管理模式,但无论是怎样的管理模式,都难免与学生以往所习惯的管理模式之间存在差距。例如,一些学生习惯了原来中学阶段班主任全权负责的管理模式,进入大学后变成了辅导员制,一位辅导员可能会同时负责一个专业、一个年级或几个年级。原来上中学时会有固定的学习教室,统一安排早、晚自习,而大学每一两节课就可能要更换教室,自习与否全凭自觉……这些变化无疑会使得一些学生找不到方向。

（四）对人际关系的适应

与原来中学阶段相比较,大学学习生活的人际互动领域会有所拓宽。学生接触的人会增多,交往的途径会增加,交往的内容也会越来越多样化。例如,同学间的交往、师生间的交往,异性间的交往,宿舍里的人际交往、社团活动中的人际交往等。由于大学教学以及课余活动氛围相对较为宽松,学生彼此间自然接触的机会或频次要比中学时期相对减少。这可能给一些缺乏交往主动性或技巧的学生带来一定的困扰,使其感觉孤独寂寞、形单影只。

三、开展新生适应朋辈团体心理辅导的理论依据

（一）人际需要的三维理论

人际需要三维理论认为,个体在人际互动过程中一般存在三种基本需要,分别是包容的需要、支配的需要和情感的需要[①]。这三种需要的存在,使得个体在社会生活中产生以下感受:希望通过与他人的互动,感觉到自己是有价值的、被关怀的,能够融入、归属到群体中,获得认同感和归属感;渴望能发挥自己的作用,影响到周围的人或事物,并与其建立或维持满意的人际关系;希望能够有机会与人接触、交往,建立和维持亲密感,体验爱与被爱。因此,在朋辈团体心理辅导过程中,要充分认识到这些需要在大学新生社会

---

① 薛可,余明阳.人际传播学(新版)[M].上海:上海人民出版社,2012:81.

互动中的体现与作用,并以此为依据,来理解其在适应过程中呈现出来的社会性行为、与他人的关系建构和冲突表现,从而积极探索帮助他们增强自我认同、改进与他人的互动方式、增强社会适应性的有效方法和策略。

(二)积极心理学理论

积极心理学关注人的积极心理品质、健康幸福、和谐发展以及个体所具有的潜能与力量。该理论提倡个体要用一种积极的心态来看待发展的可能性,直面生活中所遇到的各种问题,鼓励个体要培养积极的情绪和人格特质,激活并善用自身潜在的建设性力量,关注生活中的美好,努力寻找成长的机会。这一理论为大学新生适应朋辈团体心理辅导的开展提供了重要的理论依据。基于此,在辅导过程中应关注辅导对象自身的能动性,为其搭建自我探索、面对问题与解决问题的平台。辅导员也应重视辅导关系的建构和辅导态度的呈现,对辅导对象要充分表达理解、支持与肯定,以积极引导辅导对象实现心理成长。

(三)埃里克森的心理发展观

埃里克森的心理发展观认为,青年期主要面临的问题和困惑是自我同一性问题,具体表现为自我认识不全面、不客观,自我目标不明确,自我与环境适应不良,并由此导致自我认识偏差。这一阶段的主要发展任务是建立同一性和亲密关系,即帮助青年人认识自我、了解自我,思考自身角色和责任以及自身与周围环境的关系,明确自己的正确位置和发展方向。因此,在通过朋辈团体心理辅导来增强新生的适应性时,应关注如何帮助他们明确成长目标、完善自我认识,促进与他人及环境之间的良性互动。

四、新生适应朋辈团体心理辅导过程中应注意的问题

新生适应朋辈团体心理辅导的起止时间应在新生入学后的2~10周内,这一阶段是班集体形成和新生入学适应的关键期,学生对心理辅导的需求强烈,团体带领者容易发挥作用,辅导效果最显著。[①]

(一)注意帮助辅导对象正确理解适应的意义与作用

适应,指的是个体在社会生活中,通过不断调整身心,与现实生活环境

---

① 周圆. 团体辅导:理论、设计与实例[M]. 上海:上海教育出版社,2013:255-256.

互动、调和,从而形成一种良性、有序、平衡的生存状态的过程。在大学校园中,一些新生会出现适应方面的困扰,但他们通常不认为这是值得关注的问题,而是单纯地将其理解为自己不习惯、不喜欢。他们过多地关注自我内心对新的学习和生活环境的消极评价与感受,意识不到无法迅速适应对自己未来发展的影响,一味地任其发展,甚至采取退学等极端方式逃避。这不但不能解决问题,还会使原有问题愈发严重,新的问题不断涌现。因此,在开展新生适应朋辈团体心理辅导时,辅导员在辅导初期就应该引导辅导对象正确理解适应对个体发展的影响,培养其自我完善的自觉性和能动意识。

(二)注意在辅导过程中激发辅导对象对团体的认同感

对大学生活不适应的个体,通常缺乏团队意识,缺乏与周围人的沟通、交流与协作,常常感觉自己缺乏归属感,社会支持力量不足。针对这一特性,在朋辈团体心理辅导过程中,辅导员应重视激发辅导对象的团队意识,通过心理疏导、团体游戏、成员互动等活动情境,让他们体验到尊重、理解、接纳与支持。同时,要注意引导辅导对象明确自己的义务,促使其产生对团体的认同体验,以增强其社会责任感和社会适应性。

(三)朋辈心理辅导员要善于共情,营造包容、安全的心理环境

存在适应困扰的新生通常比较敏感,他们过度关注自我,对周围的人与事缺乏兴趣和热情,常表现出较强的自我防御性。因此,在朋辈团体心理辅导的方案设计中,辅导员应注意降低辅导对象的焦虑和不安全感。辅导员应从创设轻松的团体活动情境入手,营造温馨的辅导氛围,帮助他们缓解心理压力。同时,应充分利用共情、尊重、支持、无条件积极关注等助长条件,向辅导对象表达理解与关注,让他们感受到温暖与接纳,从而顺利融入团体。

第二节　新生适应朋辈团体心理辅导实例

实例1:凝心聚力,扬帆远航

一、朋辈团体心理辅导目标

帮助辅导对象在新的环境中重新认识自我,调整心态,增强集体观念和

归属感,使其尽快融入新集体,提高对新环境的适应能力。

二、朋辈团体心理辅导员

大学心理健康协会成员,心理咨询专业学生。了解大学生身心特点与发展规律,学习过《心理咨询理论与实践》《团体心理咨询》《学校心理辅导》等课程,具有丰富的朋辈团体心理辅导理论知识和实践经验。

三、朋辈团体心理辅导对象

有尽快适应新环境、融入新集体意愿的大一新生。

四、朋辈团体心理辅导性质

同质性、结构式、发展性团体。

五、朋辈团体心理辅导规模

16人。

六、朋辈团体心理辅导时间

周三晚6点30分至7点30分,每周一次,共三次。

七、朋辈团体心理辅导地点

温度适宜、光线明亮,具备安全性与保密性,适宜活动开展的教室。

八、辅导对象招募方式

公开招募、自愿报名,通过面谈筛选。

九、朋辈团体心理辅导评估方式

评估项目一:小组成员自我总结;
评估项目二:观察员的观察记录;
评估项目三:辅导员的自我评估。

十、朋辈团体心理辅导实施方案

第一单元

[单元活动名称]:有缘千里来相会。

[单元活动目标]:促进辅导对象相识,营造良好的团体气氛,有效启动本次朋辈团体心理辅导活动。

一、暖身活动:你要记住我

(一)活动目的

活跃辅导气氛,促进辅导对象相识与互动,降低他们的心理防御水平。

(二)活动过程

1. 全体辅导对象围圈坐好,主动询问并记住自己左右两侧成员的名字。

2. 由辅导员指定,从其中任意一名辅导对象开始,大声说出两遍自己的姓名后,随机说出一个自己知道的其他人的名字。

3. 被叫到名字的辅导对象左右两侧的人听到后,必须马上用手指向该成员,并同时说出其名字。

4. 被叫到名字的辅导对象要接着叫出团体中另一人的名字,并按照上述方法继续游戏。

5. 如果有人出错,需接受惩罚,表演节目。

6. 游戏结束后,引导辅导对象分析自己在这一过程中的收获与体会。

二、主要活动

(一)你我相识

1. 活动目的

促使辅导对象深入接触、交流,相互了解,形成良好的人际氛围。

2. 活动过程

(1)将辅导对象分成8人一组,围圈而坐。

(2)要求每位辅导对象从个人信息、性格特点、兴趣爱好、理想期望等方面,在小组内进行自我介绍。

(3)当第一位辅导对象介绍完成后,第二个人要先按上述要求介绍该对象,然后再介绍自己。以此类推,全部完成自我介绍后,每组的最后一人要在辅导团体中介绍本小组全体成员。

(4)引导辅导对象交流和分享:通过刚才的游戏认识了多少新朋友?记

住了多少他们的信息？此时此刻心里有什么样的感受和体会？

（5）发放纸笔，要求辅导对象完成下列问题：

我觉得自己是这样的：_____。

我的家人觉得我：_____。

我的老师觉得我：_____。

我的同学（朋友）觉得我：_____。

我的理想是_____。

我想在大学阶段_____。

（6）辅导对象写好后，将手中的纸折叠，上交给辅导员。

（7）辅导员随机挑选一人抽取一张纸条并大声宣读上面的信息，其他人猜一猜这是谁。猜对答案后，换人抽取新的一张纸条，重复上述活动。

（8）游戏结束后，引导辅导对象分享：猜对信息和被别人猜出后的心情与感受是怎样的？

（二）快乐家园

1. 活动目的

促使辅导对象相互协作，进一步增强他们的集体归属感和团体凝聚力。

2. 活动过程

（1）将辅导对象分成人数相等的两组，分别完成以"快乐家园"为主题的图画。规则是所有人排成纵队，从第一位辅导对象开始，依次在黑板上（或画纸上）画一笔，但最后要形成一幅体现"快乐家园"这一主题的图画。

（2）绘画完成后，辅导对象讨论和分享对图画的理解。

（3）辅导对象相互交流在游戏中的心情与感受。

（4）辅导员据此说明辅导目标，增强辅导对象对团体的认同感。

（三）建立团体规范

1. 活动目的

明确辅导要求与规范，使辅导对象增强责任意识和团队意识，构建良好的团体秩序。

2. 活动过程

（1）辅导员强调本次辅导的性质和意义，对活动开展提出具体要求。

（2）辅导对象相互沟通、讨论参加本次辅导的动机、目标，明确要共同遵守的规范与规则。

(3)将辅导对象达成共识的规范确定下来,写在白纸上,每个人都要签上自己的名字,表示认同与遵守。

三、单元结束活动

(一)活动目的

回顾辅导历程,引导辅导对象认识自身的成长与收获。

(二)活动过程

1.辅导员回顾辅导历程,引导辅导对象分享在活动中的感受与体会。

2.辅导员进一步说明辅导目标,并对下一单元的辅导进行预告。

第二单元

[单元活动名称]:我们是一家。

[单元活动目标]:引导辅导对象交流与互动,增强他们的归属感和适应性。

一、暖身活动:越来越亲密

(一)活动目的

促进辅导对象良性互动,进一步活跃团体气氛。

(二)活动过程

1.全体辅导对象围成一圈,每位成员都要把自己的胳膊搭在左右两侧成员的肩膀上。

2.所有人保持这一姿势,一同向圆圈中心迈3大步。同时要保持原有的圆圈状态不被破坏。

3.每迈出一步,辅导员都要给予他们鼓励,并提醒其体会此时的心情。

4.游戏结束后,引导辅导对象分享在游戏中的心情,以及共同完成任务时的感受。

二、主要活动

(一)我手绘我心

1.活动目的

培养辅导对象与他人沟通、互动的主动意识,使其增强自我觉察意识。

2.活动过程

(1)辅导对象围圈坐好,辅导员为其发放图画纸和彩笔。

(2)辅导对象使用彩笔在图画纸上为自己绘制一幅自画像。自画像可以是写实的,也可以是抽象的;可以是人物,也可以是动物或者植物。怎样画都可以,只要绘画者觉得可以代表自己就行。

(3)绘制好的自画像可以一同挂在墙上或者展板上进行展示。全体辅导对象自由观看,但不做评价。

(4)辅导对象逐一对自画像进行解读,其他人也可以就图画进行提问。

(5)辅导对象分享在活动过程中的感受与收获,辅导员引导他们认识到自己的独特性,并加深对其他人的认识与了解。

(二)帮你帮我

1.活动目的

引导辅导对象梳理自己在大学生活中遇到的问题,通过彼此间的互帮互助,增强解决问题的信心,提高社会适应能力。

2.活动过程

(1)引导辅导对象分享进入大学后的体会、感受,以及自身的困惑。

(2)为每人分发一张纸,要求其在纸上写出自己在大学里感觉最有压力、最困惑的问题。

(3)纸条写好后上交给辅导员。辅导员任意抽出一张,宣读上面的文字,引导辅导对象提出有效应对的意见与建议。

(4)辅导员引导大家鉴别各种应对方法的有效性和可行性。

(5)解决一个问题之后,再抽取另一张纸条,用上述方法解决其中呈现的问题。需注意,如果问题相似,可一并解决,不用再重复处理。

(三)奇妙时钟

1.活动目的

引导辅导对象审视自己进入大学后的时间规划,帮助其探索自己的行动目标。

2.活动过程

(1)发放白纸与彩笔,要求辅导对象在纸上画出一个圆形的时钟,并标注上时间,用来代表自己所拥有的一天。

(2)要求辅导对象对“时钟”进行分割,划分出不同区域,涂上不同的颜色,分别代表自己每天用于学习、游戏、休息等活动的时间比例。

(3)辅导对象认真观察自己的“时钟”,思考自己的时间规划是否合理。

(4)辅导对象在团体内分享自己的“时钟”,相互之间可以交流、讨论其合理性及需要改进的地方。

（5）辅导员引导辅导对象正确理解大学的意义,帮助他们懂得如何对大学生活进行合理规划。

三、单元结束活动

（一）活动目的

帮助辅导对象总结在团体中的收获,增强适应大学生活的信心。

（二）活动过程

1. 辅导员对团体历程进行回顾与总结。

2. 引导辅导对象分享、交流在本单元活动过程中的感受与体会,增强对自我的悦纳和开启大学生活的信心。

第三单元

[单元活动名称]:明天会更好。

[单元活动目标]:深化辅导目标,增强辅导对象的自我认同感,进一步提高其社会适应能力,并有效结束本次朋辈团体心理辅导。

一、暖身活动:生长的力量

（一）活动目的

活跃辅导气氛,促进辅导对象互动,营造良好的团体心理环境。

（二）活动过程

1. 活动初期,所有辅导对象的身份都是"小苗",要保持蹲姿,手背后,左右摇摆,代表弱不禁风。当辅导员发出"开始"的指令后,所有人共同从"小苗"开始成长。

2. 辅导对象自行在团体中寻找对手,采用"石头—剪子—布"的方式决定胜负。获胜一方成长为"小树",可以半蹲;失败的一方则要保持本来状态,仍然是"小苗"。

3. 依照上述方式继续游戏。已成长为"小树"的辅导对象再次获胜则会成为"大树",可以站直身体,任意行走。失败者则退回到"小树"状态。

4. 游戏结束后,引导辅导对象分享在这一过程中的收获与体会,使其意识到成长的不易。

二、主要活动

（一）我的大学

1. 活动目的

帮助辅导对象认清对大学生活的向往和认知,明确成长方向。

2. 活动过程

（1）播放轻柔的背景音乐，在音乐声中，辅导对象闭上眼睛，认真想象自己大学生活的场景以及即将毕业时的模样，想象得越清晰、越真实越好。

（2）想象结束后，辅导对象逐一在团体内就想象内容进行分享。分享时，其他人需认真聆听，不打断、不提问、不评论。

（3）引导辅导对象讨论大家对大学生活的描述和憧憬中，哪些是积极且有意义的，哪些需要完善，帮助其形成对大学生活的正确认识与规划。

（二）说你说我

1. 活动目的

引导辅导对象发现自己在团体中的成长，增强其适应新环境的信心。

2. 活动过程

（1）辅导对象围圈而坐，依次有人站在圈内，由其他成员轮流分享通过本次朋辈团体心理辅导对该对象的认识与看法，并指出其成长与进步之处，帮助其增强自我认同感。

（2）引导辅导对象分享在这一过程中的收获与体会。

三、单元结束活动

（一）活动目的

引导辅导对象认识辅导收获，顺利结束辅导历程。

（二）活动过程

1. 引导辅导对象回顾团体经历。

2. 引导辅导对象对自己的大学生活进行憧憬与规划，并与大家分享。

3. 辅导员给予辅导对象鼓励，并向他们发放写有指导建议与祝福的卡片，顺利结束辅导活动。

实例2：相逢是首歌

一、朋辈团体心理辅导目标

帮助辅导对象认识自我和所处环境，增强合作意识和归属感，掌握增强适应性的方法与技巧，从而尽快熟悉并适应新环境与新生活。

二、朋辈团体心理辅导员

熟悉朋辈团体心理辅导的基本理论与操作技术,具有组织和开展朋辈团体心理辅导活动的经验。性格开朗,具有良好的组织能力与沟通能力。

三、朋辈团体心理辅导对象

重视自我成长及想迅速适应新环境的大一新生。

四、朋辈团体心理辅导性质

同质性、结构式、发展性团体。

五、朋辈团体心理辅导规模

12 人。

六、朋辈团体心理辅导时间

共三次,每周一次,每次一小时。

七、朋辈团体心理辅导地点

温度适宜、大小合适、环境温馨的团体心理活动室。

八、辅导对象招募方式

公开招募、自愿报名,通过面谈筛选。

九、朋辈团体心理辅导评估方式

评估项目一:辅导员评估;
评估项目二:观察员评估;
评估项目三:通过辅导对象的反馈表评估。

十、朋辈团体心理辅导实施方案

第一单元

[单元活动名称]:新起点,"心"成长。

[单元活动目标]:促进辅导对象间的互动,引导其消除陌生感,建立归属感,增强适应新环境的主动意识。

一、暖身活动:这就是我

1.活动目的

通过活动使辅导对象之间相识,增进相互之间的了解,增强团体的凝聚力。

2.活动过程

(1)将辅导对象随机分成两个小组。每个小组选出一名组长,并用一种蔬果为自己的小组命名。

(2)每个小组的成员都要给自己设计一个标志性的动作,并先在小组内做出这个动作,然后再介绍自己。例如:我是××小组的×××,我这个标志性动作的含义是×××××,它代表我是一个××××的人。

(3)每个人介绍完成后,其他人都要一起大喊他的名字,并重复他的标志性动作。

(4)小组所有人介绍完成后,选出一名代表在团体内用上述方式介绍自己小组的成员。

(5)引导辅导对象讨论自己在活动中的收获和体会,分享被别人叫出名字时的感受与心情。

二、主要活动

(一)我做你猜

1.活动目的

活跃辅导气氛,降低辅导对象的心理防御水平,增强他们对自我价值的认同。

2.活动过程

(1)辅导对象围圈而坐。

(2)所有人依次到场地中间,将自己擅长的、感兴趣的活动通过表演的方式介绍给大家。

(3)一个人表演时,其他人要认真观看,并猜测他表演的是什么活动。

(4)表演结果被成功猜出后,表演者要再次说明自己表演的是什么活

动,自己擅长或喜欢这一活动的原因,自己在这一活动中的收获与成长。

需注意,擅长或感兴趣的活动一定是健康向上的,有负面作用的内容不宜出现。

(5)引导辅导对象分享在活动中的感受与体会。

(二)我爱我家

1.活动目的

引导辅导对象认清团体目标,建立团体规范,为后续辅导活动的顺利开展创造条件。

2.活动过程

(1)引导辅导对象分享自己对本次朋辈团体心理辅导的期待,希望达到什么样的成长目标。

(2)辅导员说明本次辅导的目标,帮助辅导对象调整期待。

(3)辅导员说明构建良好团体秩序的必要性与意义,引导大家共同制定团体活动规范。

(4)按辅导员要求分组活动。每个小组在组长的带领下,讨论、形成自己小组的团体规范,并写在一张白纸上,形成团体契约书。每个人都要在上面签名,表示自己一定会自觉遵守。

(5)小组在团体内各自展示团体契约书,并张贴在团体活动室内。

三、单元结束活动

(一)活动目的

回顾辅导历程,帮助辅导对象发现自己的成长与收获。

(二)活动过程

1.辅导员回顾活动历程,再次说明辅导目标。

2.引导辅导对象分享在辅导过程中的收获与体会,认识自己的成长。

3.引导辅导对象增强自我认同感以及对团体的归属感。

第二单元

[单元活动名称]:相信自己。

[单元活动目标]:使辅导对象相互了解并进行互动,消除彼此的陌生感。引导辅导对象发现自己的优势,实现自我悦纳,增强团体归属感。

一、上一单元活动过程回顾

（一）活动目的

温故知新,帮助辅导对象总结上一阶段收获,迅速进入新单元的辅导。

（二）活动过程

1. 引导辅导对象对上一单元进行回顾,分享自己的收获与感悟。

2. 辅导员对上一单元进行总结,对辅导对象的成长给予鼓励和肯定。

二、主要活动

（一）这就是我

1. 活动目的

帮助辅导对象进行自我探索,增强自信体验。

2. 活动过程

（1）给每位辅导对象发放一张卡片,要求他们在卡片上写出自己的特点,其中必须包含优点,然后上交。

（2）辅导员将大家的卡片混在一起,任意挑选其中的一张,大声朗读上面的内容,并请其他辅导对象猜一猜这是谁。

（3）引导辅导对象分享:当自己的卡片被抽到时,内心的感受如何? 当被别人猜出来时,有什么样的感受?

（二）你我同心

1. 活动目的

帮助辅导对象体验与他人协作、互动的重要性,增强其团队意识。

2. 活动过程

（1）将辅导对象分成3组,每组4人。

（2）准备3根长的绳子,每个小组分发一根。将绳子的两端相连,结成一个大绳圈,辅导对象要站在绳圈内。

（3）辅导对象戴上眼罩,根据辅导员发出的变形指令,如正三角形、正四边形等,共同协作把绳子变成指定的形状。按要求完成任务,用时最短的一组获胜。需注意,在合作变形的过程中,不允许用语言交流。

（4）引导辅导对象讨论和分享:戴上眼罩去完成任务时,内心的感受;完成（没完成）任务时自己的心情;完成（没完成）任务的原因。

（三）最佳搭档

1. 活动目的

使辅导对象明确在社会生活中与他人协作和交流的重要性。

2. 活动过程

（1）将辅导对象分成两人一组，其中一人为"指挥官"，另一人为"行动者"。

（2）为"指挥官"提供一张图画，让其观看30秒后，指导"行动者"按照指令完成图画的绘制。在此过程中，双方不可以提问和讨论。

（3）互换角色，重复上述游戏，但这一次允许"行动者"提问，允许双方沟通和交流。

（4）引导辅导对象比较两轮游戏的结果，分析产生不同结果的原因，让成员认识到与他人协作和交流的作用。

三、单元结束活动

（一）活动目的

总结辅导历程，引导辅导对象发现自己的成长与收获，为有效适应大学生活做好心理准备。

（二）活动过程

1. 辅导员对辅导历程进行整理与总结。

2. 引导辅导对象分享在本次辅导过程中的收获与体会。

3. 辅导员对如何适应大学生活提出指导和建议。

4. 辅导对象相互鼓励与祝福，结束本次朋辈团体心理辅导活动。

第三单元

[单元活动名称]：我心飞翔。

[单元活动目标]：帮助辅导对象掌握适应新环境的方法与技巧，增强适应新环境的主动意识。

一、暖身活动：真真假假

（一）活动目的

活跃辅导气氛，帮助辅导对象增强安全感，引导其放松心情，调整身心状态，积极参与朋辈团体心理辅导。

（二）活动过程

1. 辅导对象分别说出自己的三个喜好，其中两个是真实的喜好，一个是虚假的,让其他人进行判断。

2. 每位辅导对象陈述结束后,大家通过投票判断哪个是真的,哪个是假的。

3. 由辅导对象本人揭晓答案。

4. 辅导对象之间进行讨论和分享:刚才是否猜对了,分析猜对或者猜错的原因,分享通过这个活动获得的收获和体会。

二、主要活动

(一)锦囊妙计

1. 活动目的

帮助辅导对象对自己当下的大学生活的适应情况进行梳理与反思,及时发现问题,并获取他人的意见和建议,从而形成解决问题的方法。

2. 活动过程

(1)辅导对象起立,手拉手围成圆圈,记住自己左手边和右手边的人分别是谁,然后松开手,在场地内伴随着音乐自由行走。

(2)当辅导员随机停止播放音乐时,辅导对象需立刻保持当前姿态不动,然后伸手努力去拉最初位于自己左手边和右手边的成员,此时会形成一个错综复杂的"结"。

(3)在不松手的前提下,辅导对象可以通过钻、跨等方式将当前的"结"解开,恢复到最初手拉手围成圆圈的状态。

(4)引导辅导对象讨论并分享在活动中的感受与体会,帮助他们认识到人生如同这个游戏,会遇到各种麻烦,要有信心,积极思考,通过努力一定会解决当下的困扰。

(5)引导辅导对象分享目前在适应新环境过程中自己面临的困扰,以及有哪些解决适应问题的小窍门。大家相互交流,共同总结出解决问题的方法与策略。

(6)辅导员就如何实现新生的有效适应提出指导和建议。

(二)我的好朋友

1. 活动目的

引导辅导对象增强交往意识,认识到在适应新环境过程中需要主动与他人交往,构建社会支持系统。

2.活动过程

(1)根据在辅导过程中对其他人的认识与了解,每位辅导对象都要寻找另一个人作为自己的"好朋友",当未来自己遇到困扰时,这位"好朋友"可以帮助自己面对和解决问题。

(2)引导辅导对象讨论并分享自己是如何发现这位"好朋友"的,根据什么判断他(她)可以胜任自己的"好朋友"。

(3)确认"好朋友"是否同意自己的选择。如果同意,则意味着找到了属于自己的"好朋友";否则就意味着失败,需要重新寻找或者接受失败。

(4)引导辅导对象分享在寻找"好朋友"过程中自己的收获与体会。

(三)纸飞机

1.活动目的

对辅导过程进行回顾,帮助辅导对象发现自身的成长与改变,妥善结束辅导活动。

2.操作过程

(1)播放轻柔的音乐,给每个辅导对象发放一张小卡片。

(2)辅导对象在卡片上写上自己对大学生活的规划与期待,然后将卡片折成纸飞机,随机飞向其他人。

(3)每位辅导对象拾起一个纸飞机,展开后大声把卡片上的内容读出来,以此作为对彼此的鼓励。

(4)再将展开的卡片重新折回飞机的样子,作为自己在本次团体活动中所得到的礼物,好好收藏。

三、单元结束活动

(一)活动目的

引导辅导对象总结团体活动的收获,妥善结束辅导活动。

(二)活动过程

1.辅导对象围圈而坐。

2.引导辅导对象分享自己在本次活动中的收获和体会,发现自身的成长与进步。

3.当一人分享结束后,其他人对其在辅导过程中的变化发表看法。

4.辅导员总结辅导历程,并就如何有效适应大学生活提出指导和建议。

5.为辅导对象发放卡片和笔,每个人在卡片的最上方写上"祝福×××(自己的姓名)"。

6.辅导对象将手中的卡片依次传给右手边的人,拿到卡片的人都要在上面写一句对卡片主人祝福的话,直到卡片重新回到其主人手中。

7.辅导对象认真阅读并体会卡片上大家的祝福,相互告别,结束团体活动。

第十章　大学生人际交往技巧提升朋辈团体心理辅导

第一节　大学生人际交往技巧提升朋辈团体心理辅导的基本理论

一、人际交往的内涵

人际交往,是指个体在社会生活中,通过语言、文字、表情、动作等方式进行信息传递、思想交流、情感沟通,进而建立心理和行为联系的活动过程。它是个体社会生活的重要内容,也是影响个体成长与发展的关键因素。和谐的人际关系,对提高人们的社会适应能力和活动效率,帮助其形成愉悦的情绪体验,促进其个性完善发展具有重要的意义。

对于大学生来说,丰富多彩的大学生活,不仅拓宽了其人际交往的平台,也为其人际交往技巧的提升创造了条件。作为成长中的年轻群体,一方面,他们渴望拥有良好的人际关系,希望被他人接纳、关注与认可;另一方面,由于经验和阅历的局限,加之自身性格的原因,如敏感、内向等,他们可能缺乏交往的主动性和有效的人际交往技巧,有时难以妥善处理人际问题,导致与身边人的关系疏离或紧张,从而产生种种心理困扰。这种困扰极易在其生活中蔓延,使其对自我的评价、对他人的认知出现偏差。而由此带来的消极情绪,又容易影响其正常的学习与生活,甚至引发身心反应。因此,在高校的心理健康教育工作中,应将提升大学生人际交往技巧作为朋辈团体心理辅导的重要内容,精心设计辅导方案并及时实施,切实帮助广大学生提高交往能力,构建和谐的人际关系。

二、大学生人际交往的特点

大学阶段的个体,受活动领域、心理特点、认知发展水平等因素影响,在人际交往过程中会呈现出该阶段所特有的属性与特征。

(一)具有开展人际交往的期望与需求

进入大学校园后,教学模式的多样化、开放性,以及课余活动、社团活动的丰富性,使广大学生有更多的机会接触更多的人、涉足更多的活动领域,这也促使他们产生融入群体、结交朋友,通过人际交往拓宽视野、丰富知识、实现社会化的愿望和期待。因此,他们会表现出较强的交往需求。

(二)对人际交往的理解相对简单化和理想化,具有较强的主观性

由于生活阅历、交往经验缺乏,一些学生对于人际交往活动的认识和理解比较简单,常常从自我视角出发,对交往状态进行理想化设想,认为交往的过程就应该是自己想象的那样简单和美好。因此,一旦现实的交往活动与预期设想不符,他们就会产生挫败感,感到不解和困惑,对自我和他人做出消极评价,甚至因此逃避交往活动,不敢主动参与。

(三)相对缺乏交往技巧,不善于主动开展人际交往活动

广大青年学生对参与人际交往活动满怀热情与期望。然而,一些学生将这些交往期待埋藏在心底,内心虽有期望,却缺乏行动的主动性。他们常常渴望被发现、被关注、被理解,然而却在人际交往过程中畏首畏尾,不敢也不愿主动打破交往僵局。由于被动等待,他们很容易被他人忽视,交往效果也难以达到预期。因此,他们会觉得无助、无奈,心力交瘁,进而产生交往恐惧。

(四)重视交往中的平等性

随着自我意识的发展和完善,大学生越来越关注自身的心理体验,他们希望他人对自己公平、坦诚,渴求在交往过程中受到尊重。因此,一些以自我为中心、对别人要求过多、缺乏互惠互利意识、具有支配性和控制欲的个体,在交往中常常被大家排斥,难以形成良好的人际关系。

三、开展大学生人际交往技巧提升朋辈团体心理辅导的理论依据

（一）发展心理学理论

根据发展心理学的基本理论,大学阶段的个体处于青年期,他们与同龄人接触增多,产生交往的欲望,渴望拥有良好的人际关系。但在交往的过程中,他们也极易出现各种偏差,需要外界给予帮助与指导。

（二）团体动力理论

团体动力理论强调,团体的氛围、团体凝聚力对团体性质及团体发展具有重要影响。在专制、民主等不同性质的团体氛围下,成员的创造力、工作效率以及彼此之间的信任感和关系状态都会有所不同。团体凝聚力是团体巩固与稳定的社会心理特征,对团体的存在、活动、效率有重要的作用。[①] 它有助于加深成员间的感情,促进彼此间互动交流,增强团体吸引力。依据此理论,开展朋辈团体心理辅导应注重营造温馨、安全的团体氛围,通过活动创设及辅导员作用的发挥增强团体凝聚力,帮助成员心理成长。

（三）班杜拉社会学习理论

社会学习理论指出,观察他人的行为及其结果,具有替代强化的作用。人从出生起就处于不断成长以及改变自身的过程中,人的潜能随着对社会的适应与学习不断发展。因此,开展大学生人际交往技巧提升朋辈团体心理辅导,应积极创设实践性学习情境,借助团体经验促进成员身心成长。

四、大学生人际交往技巧提升朋辈团体心理辅导过程中应注意的问题

（一）要准确把握辅导对象关于人际交往的心理需求,精心设计辅导方案

不同性别、年级以及交往经验的大学生在交往的过程中常常会表现出不同的特点。因此,在设计朋辈团体心理辅导方案之前,辅导员必须对辅导对象的交往状况进行调查和了解,掌握其人际交往活动的基本特点,了解其在交往过程中出现的主要问题以及共同面临的困扰,在此基础上有针对性

---

① 樊富珉,何瑾.团体心理辅导[M].2 版.上海:华东师范大学出版社,2022:138.

地设计辅导方案,才能做到有的放矢,取得实效。

（二）将矫正辅导对象的不合理认知作为辅导工作的重点

许多辅导对象在人际交往中存在困扰,这通常与他们的认知偏差有关。例如,对人的认识以偏概全、过度放大某一特点、过于重视第一印象、认知刻板化,等等。还有一些辅导对象存在绝对化观念:认为在交往过程中自己对别人怎样,别人就必须对自己怎样;认为在交往中要有所保留,对别人不能太坦率;认为自己的品格很优秀,别人应该发现自己的优点;认为心里想什么、有什么需求无须表达,如果是朋友就应该明白等。这些错误的观念和不合理的认知方式,常常使他们在交往中对他人缺乏理解与包容,又不善于进行有效沟通,难以妥善解决交往中出现的问题,因此,难免产生人际交往困扰。

在朋辈团体心理辅导方案设计的过程中,辅导员要充分认识大学生的这一状况,将矫正辅导对象的不合理认知、非理性思维方式作为工作重点。帮助他们正确认识人际交往的本质和内涵,促使其正确理解和把握人际交往的基本原则与要求,从而帮助他们优化交往策略,不断提升人际互动能力与水平。

（三）针对提高辅导对象人际交往技巧设计辅导方案

人际交往是一门艺术,包含许多交往技巧,如善于倾听、有效沟通、准确表达、理解、尊重、欣赏、共情等。然而,有的学生对交往技巧了解甚少,或虽有所知晓却不善于运用。这使得他们在人际交往中频繁受挫。因此,重视人际交往技巧的指导,培养辅导对象灵活运用这些技巧开展交往活动、增强交往艺术的能力,切实帮助他们建立良好的人际互动关系,也应该是朋辈团体心理辅导方案设计的重点和关键。

（四）充分利用团体情境,为辅导对象搭建实践新经验的平台

为促进辅导对象在朋辈团体心理辅导过程中的心理成长,推动辅导经验有效迁移到现实生活,切实巩固辅导效果,在朋辈团体心理辅导的过程中,辅导员应根据辅导对象的特点和辅导的进程,有针对性地设计模拟情境和实践环节,引导他们以辅导情境为实践平台,运用辅导收获,提升交往技能。在这一过程中,辅导对象可以对辅导内容进一步理解和消化,而且此过程还可以有效检验辅导成果。这为顺利实现辅导经验从辅导情境向现实生

活的迁移和转变创造条件。

第二节　大学生人际交往技巧提升朋辈团体心理辅导实例

实例1:和你在一起

一、朋辈团体心理辅导目标

引导辅导对象正确认识人际交往的重要意义,增强交往意识,掌握交往技巧,顺利开展人际交往活动。

二、朋辈团体心理辅导员

接受过朋辈团体心理辅导员操作技巧培训,学习过《心理咨询理论与实践》《团体心理辅导》等相关知识,曾多次参与朋辈团体心理辅导,具有一定的实践经验。

三、朋辈团体心理辅导对象

希望提高人际交往能力、学习人际交往技巧的在校大学生。

四、朋辈团体心理辅导性质

同质性、结构式、发展性团体。

五、朋辈团体心理辅导规模

20人。

六、朋辈团体心理辅导时间

共四次,每周一次,每次一小时。

七、朋辈团体心理辅导地点

温度适宜、空间大小合适,环境温馨且安全的团体心理活动室。

八、辅导对象招募方式

公开招募、自愿报名,通过面谈筛选。

九、朋辈团体心理辅导评估方式

评估项目一:辅导员的自我评估;
评估项目二:观察员的观察记录;
评估项目三:团体成员反馈表。

十、朋辈团体心理辅导实施方案

第一单元

[单元活动名称]:知你知我。

[单元活动目标]:协助辅导对象认清团体性质与目标,相互熟悉,建立良好的互动关系,同时确立团体规范,构建良好的团体秩序。

一、暖身活动:认识你,我很高兴

(一)活动目的

促进辅导对象相识,活跃团体气氛,激发他们对本次朋辈团体心理辅导的兴趣。

(二)活动过程

1.将辅导对象分成 10 人一组,围成内外两圈,两两相对站立。

2.伴随音乐,内外两圈的成员同时向相反方向移动(移动方向相互交错)。

3.辅导员随机停止播放音乐。音乐停止后,相对的两个成员互相鞠躬,同时向对方说"认识你,我很高兴",然后彼此进行自我介绍。

4.2 分钟后,音乐响起,重复上述活动。

5.游戏结束后,辅导对象在团体中分享自己刚才认识了哪些新朋友,并将他们介绍给大家。

6.引导辅导对象交流和分享,在活动中主动向别人介绍自己和新朋友,以及被他人介绍时的感受。在使辅导对象熟悉的过程中,让他们意识到交往需要主动性。

二、主要活动

(一)找朋友

1.活动目的

引导辅导对象认识社会生活中人际交往的重要意义,增强与人交往的主动意识。

2.活动过程

(1)准备一些不同颜色的彩纸,将每张彩纸对折成两个三角形或长方形形状,并裁剪好。

(2)把裁好的不同形状的彩纸打乱,混合在一起。

(3)辅导对象依次到前面,任意抽取一张彩纸,并要在团体内找到持有另外一半与自己所持彩纸颜色、形状相同的人,与这个人成为朋友。两人共同将手中的彩纸贴在大白纸上,组成完整图形。

(4)成为朋友的两个人进行自由交流,相互交流彼此感兴趣的问题。

(5)每个人分别向大家介绍自己的朋友,并分享在找朋友、与朋友自由交流过程中的心情与感受。

(6)辅导员对活动过程进行总结,引导大家体验与人交往的乐趣,并说明团体性质与目标。

(二)这样的我,你喜欢吗?

1.活动目的

帮助辅导对象从不同视角进一步增强对自我的认识,使其觉察和构建自我概念。

2.活动过程

(1)为辅导对象发放纸笔。要求辅导对象认真思考,并回答下列问题:

①在人际交往中,我通常会＿＿＿＿＿＿＿＿＿＿＿＿＿＿＿＿＿＿＿＿＿。

②我觉得我的人际关系＿＿＿＿＿＿＿＿＿＿＿＿＿＿＿＿＿＿＿＿＿＿＿。

③我认为我是＿＿＿＿＿＿＿＿＿＿＿＿＿＿＿＿＿＿＿＿＿＿＿的人。

④妈妈认为我是＿＿＿＿＿＿＿＿＿＿＿＿＿＿＿＿＿＿＿＿＿的人。

⑤爸爸认为我是＿＿＿＿＿＿＿＿＿＿＿＿＿＿＿＿＿＿＿＿＿的人。

⑥老师认为我是＿＿＿＿＿＿＿＿＿＿＿＿＿＿＿＿＿＿＿＿＿的人。

⑦同学认为我是＿＿＿＿＿＿＿＿＿＿＿＿＿＿＿＿＿＿＿＿＿的人。

⑧我希望自己是＿＿＿＿＿＿＿＿＿＿＿＿＿＿＿＿＿＿＿＿＿的人。

(2)辅导对象在团体中分享自己的回答。

(3)引导辅导对象思考以下问题:

①谁对自己的评价最容易填写? 谁对自己的评价最难填写? 为什么?

②完成上述问题后心情如何? 有哪些感受和体会?

(4)使辅导对象明白,在人际交往中,要勇于展示自己,并从多视角了解自己,对自己形成客观认识。

(三)你我约定

1. 活动目的

引导辅导对象正确认识团体规范,并对此达成共识,形成良好的团体活动秩序。

2. 活动过程

(1)引导辅导对象表达对本次辅导的期望,并结合辅导目标进行说明。

(2)引导辅导对象讨论,为保证辅导活动顺利开展应遵循哪些秩序。将大家达成共识的规范写在白纸上,由每个人签名确认。

三、单元结束活动

(一)活动目的

引导辅导对象共同回顾辅导过程,顺利结束本次朋辈团体心理辅导活动。

(二)活动过程

1. 辅导员对本单元活动进行总结,并再次说明辅导目标与团体规范。

2. 辅导员引导辅导对象分享辅导过程中的收获与体会。

3. 辅导员预告下一次辅导的内容,结束单元活动。

第二单元

[单元活动名称]:打开心门做朋友。

[单元活动目标]:使辅导对象进一步熟悉与了解,营造良好的辅导氛围。帮助辅导对象增强交往意识,增强人际交往活动的自觉性。

一、暖身活动:猜猜他是谁

(一)活动目的

促进辅导对象的交流,使他们相互熟悉,营造良好的团体氛围。

(二)活动过程

1. 辅导对象根据上一次活动中对其他成员的了解,任选一人,叙述其相

关信息,但不说出姓名,引导大家来猜这个人是谁。

2. 被猜对的人谈一谈,当别人描述自己特点的时候以及被别人猜中的时候,内心的感受是怎样的。

3. 使辅导对象明白,与人交往时,要想增强交往效果,要善于观察和倾听,并记住他人的信息。

二、主要活动

(一)可爱动物园

1. 活动目的

使辅导对象增强对自身和伙伴进行探索的兴趣,形成良性的人际互动关系。

2. 活动过程

(1)为辅导对象分别发放两张卡片和一支笔。

(2)要求辅导对象把自己最喜欢的一种动物的名字,写在第一张卡片上,把某一特质与自己最相像的一种动物的名字写在第二张卡片上。

(3)随机从一人开始,逐一向大家介绍自己写这两种动物的原因,它们能反映出自己的哪些特质。

(4)使辅导对象认识到,每个人都有自己独一无二的特点,要有兴趣去了解,并要懂得尊重与欣赏。

(二)我的朋友

1. 活动目的

引导辅导对象明确自己的人际交往需求,增强交往的主动意识。

2. 活动过程

(1)向辅导对象发放纸笔,要求其在纸上完成下列内容:

①我最要好的朋友是_____。

②平时和我联系比较多的朋友是_____。

③平时偶尔会与我联系的朋友是_____。

(2)引导辅导对象将完成的内容与大家分享。

(3)选择朋友数量较多和较少的人分别谈一谈自己在人际交往中的感受与体会。

(4)辅导员总结辅导对象分享的内容,并引导其认识到交往对个体身心发展的影响。

（三）交往面面观

1. 活动目的

引导辅导对象正确认识在人际交往中可能会遇到的问题与困扰，形成对交往过程的正确态度。

2. 活动过程

（1）辅导员呈现大学生交往中主要问题的情境：

①看到大家在一起有说有笑，自己很想参与其中，却不知所措。

②夜深了，宿舍中同学们已经上床休息了，可一名同学依然在开着灯玩电子游戏，声音还很大，小明很生气，两人发生冲突。

（2）辅导对象进行角色扮演。

（3）引导参与表演和观看表演的成员分别分享，在角色扮演和观看表演时内心的感受与体会。

（4）引导辅导对象讨论，如何妥善处理情境中的问题，有哪些可行的方法。

（5）引导辅导对象共同回顾自己的交往困惑，总结出共性问题，并讨论应该如何解决这些问题。

（6）辅导员对大家的意见进行整理，提出指导建议，帮助大家认识到在集体中与他人结成友善伙伴关系的重要性，并强调在人际交往中要合理使用一些方法和技巧。

三、单元结束活动

（一）活动目的

辅导员回顾辅导历程，使辅导对象认识到他们的成长与收获，顺利结束本次朋辈团体心理辅导。

（二）活动过程

1. 辅导员对辅导过程进行总结。

2. 引导辅导对象分享活动中的收获，巩固辅导过程中所积累的经验。

第三单元

[单元活动名称]：交往有技巧。

[单元活动目标]：帮助辅导对象掌握交往技巧，提高交往能力。

一、暖身活动:读懂你的心

(一)活动目的

引导辅导对象放松心情,调整状态,激发其参与朋辈团体心理辅导的自觉性与能动性。

(二)活动过程

1. 辅导对象围圈而坐,伴随轻柔的背景音乐,仔细体会自己当时的心情和感受。

2. 2分钟后,辅导对象依次到场地中央,通过表情、肢体动作等非言语的形式把自己当时的内心状态呈现出来,其他人要认真观察,并猜一猜其要表达的是什么。

3. 进行表演的辅导对象要对别人猜测的结果予以反馈,并解释自己这样表现的原因,想要说明什么。

4. 游戏结束后,辅导员引导辅导对象分享在游戏中的心情、感受与体会,帮助辅导对象认识到在交往过程中要主动表达,相互理解。

二、主要活动

(一)请你相信我

1. 活动目的

使引导辅导对象了解在人际交往中相互信任的重要性,不断提升交往能力。

2. 活动过程

(1)辅导对象手拉手围成圆圈,选择一名成员站在圆圈中央,让该成员闭上双眼,身体笔直地向身后任意方向倒下。组成圆圈的其他人要时刻关注该成员,无论他倒向何方,都要用手或身体接住他,不能让他摔倒在地上。

(2)一轮游戏结束后,可依次由其他成员站到圆圈中,原来在圆圈中体验过的成员与其调换位置。

(3)游戏结束后,辅导员引导不同角色的辅导对象分享在活动中的内心感受,帮助他们认识在人际交往中彼此要相互理解、信任和支持。

（二）肯定与拒绝

1. 活动目的

使辅导对象懂得在人际交往中要肯定自己的观点，以及妥善拒绝自己不接纳的观点。

2. 活动过程

（1）将辅导对象分成两人一组，进行角色扮演。

（2）创设生活中常见的情境：向对方表达某种要求或观点，努力让对方接受自己的意见；向对方表达某种要求或观点，而另一方则坚持拒绝。

（3）一轮游戏结束后，辅导对象交换角色进行体验。

（4）引导辅导对象分享以下内容：

①在肯定自己的观点或意见，努力让别人接受的时候，是什么感觉？

②在拒绝别人的时候，是什么感觉？

③肯定自己或拒绝他人成功之后又是什么感觉？

（5）使辅导对象了解，在人际交往中要敢于坚持自己的意见和主张，也要学会拒绝。

（三）谁最受欢迎

1. 活动目的

使辅导对象了解，在人际交往中，个体的哪些特质是受他人欢迎的，哪些特质不受他人欢迎，明确自己的成长方向。

2. 活动过程

（1）将辅导对象分成人数均等的小组，以小组为单位，讨论在人际交往中个体什么样的特质是最受欢迎的，什么样的特质是不被大家喜欢的。

（2）每个小组派出代表在团体内分享小组讨论的结果。

（3）引导辅导对象对自身人际交往特质进行反思：

①在人际交往中，我最受欢迎的特质：＿＿＿＿＿＿＿＿＿＿＿＿＿＿。

②在人际交往中，我以下的特质需要改进：＿＿＿＿＿＿＿＿＿＿＿＿。

（4）引导辅导对象分享自己的答案，以及在活动中的收获与体会。

三、单元结束活动

（一）活动目的

回顾和总结辅导过程，引导辅导对象发现自己的成长与收获。

(二)活动过程

1. 引导辅导对象分享在活动中的收获与体会。

2. 辅导员回顾本次辅导过程,对辅导活动进行总结。

3. 辅导员对辅导对象的成长和进步给予肯定与鼓励,并对下一次辅导活动进行预告。

实例 2:靠近你,温暖我

一、朋辈团体心理辅导目标

帮助辅导对象增强交往意识,掌握交往技巧,提高交往能力,构建和谐的人际关系。

二、朋辈团体心理辅导员

掌握丰富的朋辈团体心理辅导理论知识,具有一定的实践经验,接受过朋辈团体心理辅导实操的专门训练,善于组织协调与沟通协作,为人热情乐观。

三、朋辈团体心理辅导对象

具有提升人际交往能力、改善人际关系需求的在校大学生。

四、朋辈团体心理辅导性质

同质性、结构式、发展性团体。

五、朋辈团体心理辅导规模

20 人。

六、朋辈团体心理辅导时间

共四次,每周一次,每次一小时。

七、朋辈团体心理辅导地点

宽敞明亮、温度适宜,且具有安全性的团体心理辅导室。

八、辅导对象招募方式

公开招募、自愿报名,通过面谈筛选。

九、朋辈团体心理辅导评估方式

评估项目一:小组成员的自我总结;
评估项目二:观察员的观察记录;
评估项目三:辅导员的自我评估。

十、朋辈团体心理辅导实施方案

第一单元

[单元活动名称]:喜相逢。

[单元活动目标]:说明辅导目标,帮助辅导对象端正辅导期待;营造良好的辅导氛围,促进辅导对象心理相容,构建良性的人际关系;确立团体规范,保障朋辈团体心理辅导顺利开展。

一、暖身活动:请让我来认识你

(一)活动目的

促进辅导对象间交流与互动,激发其参与朋辈团体心理辅导的热情和积极性,营造温馨和谐的辅导气氛。

(二)活动过程

1. 播放轻柔的音乐,辅导对象可随意在场地内走动。

2. 在走动的过程中,辅导对象要随机找到一个伙伴,相互之间进行自我介绍,形成一个两人小组。

3. 相互介绍完成的两人小组要在场地中找到另外一个两人小组,两组相互介绍,组成四人小组,以此类推。

4. 相互介绍完成后,辅导对象之间进行讨论和交流,分享自己在活动中的感受与体会。

二、主要活动

(一)个性名片

1. 活动目的

引导辅导对象把自己最想与他人交流的信息简单明了地公布出来,学

会推荐自己,了解他人,使辅导对象之间尽快熟悉。

2.活动过程

(1)发给辅导对象每人一张空白胸卡。

(2)在5分钟的时间内,每位辅导对象都要为自己设计一张"个性胸卡",要求胸卡上至少有5条能体现个人特征的信息。

(3)胸卡制作完成后,辅导对象在团体内展示作品,并分享自己的制作初衷,其他人要求认真聆听,并用掌声予以肯定和鼓励。

(4)引导辅导对象思考并分享在活动中的收获,使辅导对象认识到在人际交往中要有主动意识,要善于展示自我。

(二)寻找有缘人

1.活动目的

使辅导对象进一步积极互动,激发其参与人际交往活动的主动意识。

2.活动过程

(1)辅导对象呈扇形坐好,辅导员为每个人发放纸和笔。

(2)每个人要在纸上写出自己在人际交往过程中印象最深刻的三件事,同时还要在纸上写清楚,如果把这几件事说给别人听,希望说给团体中的哪个人听。

(3)通过自荐的方式,一名辅导对象站到场地中央,说出自己想要倾诉对象的名字。

(4)被点到名字的人站到倾诉者对面,认真聆听对方的讲述。

(5)倾诉者要分享:为什么要找对方倾诉?向对方倾诉自己在人际交往过程中印象最深刻的三件事后心情怎样?看到对方认真聆听时有何感受?

(6)聆听者要分享:当被对方选择为倾诉对象时有何感受?认真聆听对方的倾诉后有哪些想法?

(7)按上述方式重复游戏的过程,让更多的辅导对象体验不同的角色。

(8)引导辅导对象讨论、分享在活动中的收获与体会。

(三)梦想成真

1.活动目的

使辅导对象进一步明确自己的辅导期待。辅导员要调动辅导对象的主动性,使其积极投入辅导活动中。

2.活动过程

(1)辅导对象围圈而坐,辅导员为其发放纸和笔。

(2)要求辅导对象认真思考,在纸上完成以下内容:

①我觉得自己的人际关系_____。

②我觉得人际交往中最重要的是_____。

③在辅导过程中我最担心_____。

④我相信,自己参加的团体是一个_____团体。

⑤我来参加本次朋辈团体心理辅导,是希望_____。

(3)要求辅导对象依次在团体内分享自己的答案。

(4)辅导员说明本次辅导的目标和具体内容,引导辅导对象分析自己的期待与目标是否符合,并帮助其纠正对本次朋辈团体心理辅导不恰当的认识。

三、单元结束活动

(一)活动目的

引导辅导对象总结本次团体收获,顺利结束本次活动。

(二)活动过程

1.辅导员回顾和总结辅导历程。

2.引导辅导对象分享自己在辅导过程中的收获与体会,发现自己的成长与变化。

3.辅导员总结,再次说明辅导目标,并对下次活动进行预告。

第二单元

[单元活动名称]:有你相随。

[单元活动目标]:进一步促进辅导对象间的互动与了解,增强团体吸引力。引导辅导对象正确认识人际交往活动,使其掌握进行人际交往活动的基本技巧。

一、暖身活动:指尖情意

(一)活动目的

活跃团体气氛,激发辅导对象对辅导活动的兴趣。

(二)活动过程

1.将辅导对象分成人数相等的两组,相对站立,围成两个圆圈。

2.当辅导员发出"开始"的口令时,相对站立的人要立刻通过不同的手

指数量向对方表达心意:

(1)1个手指表示"我现在还不想认识你"。

(2)2个手指表示"我愿意初步认识你,并和你做个点头之交的朋友"。

(3)3个手指表示"我很高兴认识你,并想对你有进一步的了解,和你做个普通朋友"。

(4)4个手指表示"我很喜欢你,很想和你做好朋友"。

3. 一轮活动结束后,一圈成员可以逆时针移动一个位置,另一圈成员则不动,重复上述活动过程。

4. 引导辅导对象分享在活动中的心情与感受。

二、主要活动

(一)请你来认识我

1. 活动目的

帮助辅导对象准确认识自我、肯定自我,形成积极的自我体验。

2. 活动过程

(1)给辅导对象发放纸笔,要求其认真思考自身情况。

(2)辅导对象要按照要求在纸上写下至少20条可充分反映个人特征的内容。

例如,我是一个＿＿＿＿＿＿＿＿＿＿＿＿＿＿＿＿＿的人。

(3)辅导对象写完后,要在团体内进行交流和分享,向其他人介绍自己。

(4)别人在发言时,其他人要认真听,不评价、不打断。

(5)活动结束后,辅导对象分享在活动中的收获与体会。

(二)齐心协力

1. 活动目的

引导辅导对象了解团队协作的重要性,认识到在人际交往中相互理解、相互支持的重要意义,端正对人际交往的认识。

2. 活动过程

(1)辅导对象被分成两两一组,背靠背坐在地上。

(2)要求相背而坐的两个人双臂相互交叉,想办法共同努力,使双方一同站起来。要求在站起的过程中,手不能松开,也不能触碰地面。如果成功站起,则该小组继续增加一人,重复上述动作,小组成员全部成功一同坐起身者为胜方。

（3）每顺利完成一次任务，则再增加一人，按上述要求继续完成任务。如果失败，则需重来一次，直到成功才可以再增加人数。

（4）活动完成后，引导辅导对象讨论下列问题：如何才能顺利完成任务？挑战失败的原因是什么？如果完成这一任务只靠一个人的努力是否可行？怎样才能保证成员之间的动作协调一致？

（5）引导辅导对象分享在活动中的收获与体会。

（三）纸笔练习

1. 活动目的

帮助辅导对象明确如何在处理人际交往中遇到的问题，提升他们的人际交往能力。

2. 活动过程

（1）为辅导对象发放纸笔，要求其认真思考，完成以下内容：

①我在人际交往中最大的苦恼是＿＿＿＿＿＿＿＿＿＿＿＿＿＿＿。为了解决这一困扰，我曾经采取过以下方法＿＿＿＿＿＿＿＿＿＿＿＿＿，效果＿＿＿＿＿＿＿＿＿＿＿＿＿＿＿＿＿＿＿＿＿＿＿＿。

②当我向朋友倾诉自己在人际交往中的烦恼时，通常他们会给出以下建议：

＿＿＿＿＿＿＿＿＿＿＿＿＿＿＿＿＿＿＿＿＿＿＿＿＿＿＿＿＿＿＿，

我觉得这些建议＿＿＿＿＿＿＿＿＿＿＿＿＿＿＿＿＿＿＿＿＿＿。

③如果有朋友向我倾诉人际交往中的苦恼，我通常会＿＿＿＿＿＿＿＿，因为我觉得＿＿＿＿＿＿＿＿＿＿＿＿＿＿＿＿＿＿＿＿＿＿。

（2）辅导对象回答完问题后，辅导员引导他们在团体内分享和交流。

（3）辅导员进行总结，就如何有效开展人际交往活动，对辅导对象进行指导并提出建议。

三、单元结束活动

（一）活动目的

回顾并总结辅导历程，使辅导对象认识到他们在活动中的成长与收获。

（二）活动过程

1. 辅导员对辅导过程进行总结，进一步明确辅导目标。

2. 引导辅导对象分享在活动中的收获与感受，发现自己的成长与改变。

3. 结束本次活动，辅导员预告下一次辅导活动。

第三单元

[单元活动名称]:你我同心。

[单元活动目标]:帮助辅导对象改变对人际冲突的消极看法,使其掌握解决人际冲突的基本技巧。

一、暖身活动:看你看我

(一)活动目的

促进辅导对象间的互动,激发他们的参与热情,营造良好的辅导氛围。

(二)活动过程

1.将辅导对象分成人数相等的两个小组。

2.小组成员都要背对辅导员,呈一列纵队站好。

3.辅导员把一张写有情绪或者表情词汇的卡片分别给每个小组的第一位成员看。

4.第一位成员要轻轻拍一下第二位成员,待他转过身后,做出相应动作,把卡片上的情绪或者表情表达出来。

5.第二位成员按照上述方式,把自己理解的情绪或者表情向第三位成员表达,以此类推,全体成员完成传递任务。

6.最后一位成员猜出传递的情绪或者表情内容,并和辅导员进行确认。猜对的一组获得胜利。

7.辅导对象分享在活动中的心情与感受。辅导员要使辅导对象明白与人交流时清晰表达的重要性,并且要善于观察周围事物。

二、主要活动

(一)我的人际财富

1.活动目的

引导辅导对象了解自己的人际交往状态,梳理自己的人际关系。

2.活动过程

(1)为辅导对象分发纸笔,要求其认真思考自己的人际关系状态,并在纸上表示出来。

(2)要求辅导对象在白纸的正中央画一个圆点,用来代表自己,并以其为圆心画出三个半径不等的同心圆。

(3)三个半径不等的同心圆代表三种人际财富或者人际圈。同心圆内任意一点到圆心的距离表示人际心理距离。

(4)要求辅导对象仔细思考,按照自己人际心理距离的远近,将亲朋好友的名字写在图上,名字越靠近中心圆点,就表明与自己的关系越亲密。

(5)绘制完成后,引导辅导对象在团体内交流和分享自己的感受。

(6)引导辅导对象认清自己的人际交往状态,明确增强交往主动性、积极构建良好人际关系的意义。

(二)心有千千结

1. 活动目的

促进辅导对象相互交流,共同面对问题和解决问题,使辅导对象理解与领悟人际互动关系的重要性。

2. 活动过程

(1)将辅导对象分成人数均等的两个小组,让每组成员手拉手围成一个圆圈,记住自己左右两边的人。

(2)在节奏感较强的背景音乐中,大家放开手,随意走动。音乐一停,脚步即停,每个人要找到原来在自己左右两边的人并分别握住手。

(3)小组中所有参与者的手都彼此相握,形成一个错综复杂的"手链"。

(4)第二轮将两个小组合并,形成一个大圆圈,按第一轮的操作重复进行。

(5)活动结束后,引导辅导对象分享和讨论在活动中的感受与体会。

(三)别人眼中的自己

1. 活动目的

使辅导对象认识到在人际交往中客观认识自我的重要性,并尽力提升他们的交往能力。

2. 活动过程

(1)辅导对象围圈而坐,发给每个人一张可以粘贴的卡片。

(2)要求每个人在卡片上用一句话描述自己想象中在别人心目中的样子。例如,我认为,在别人看来,我是一个_____的人。

(3)写完后,找其他人帮忙,将这张卡片贴在自己的身后。

(4)所有人起身,在场地内随意走动,同时在别人身后的卡片上写下对他的印象或评价。

需注意:要找到尽可能多的人,为他们写上评价。同时,也尽可能多地让别人为自己写评价。评价的内容要实事求是。

（5）活动结束后,每个人取下身后的卡片,并仔细阅读。

（6）辅导对象分享卡片上的内容,讨论以下内容:自己觉得别人对自己的印象和他人写的评价内容是否一致？自己在这一活动中有哪些收获和感悟？

三、单元结束活动

（一）活动目的

回顾辅导历程,引导辅导对象明确自己在此过程中的收获。

（二）活动过程

1. 辅导员总结本次活动的内容,并再次强调辅导目标,对辅导对象人际交往活动的开展进行指导并提出建议。

2. 为辅导对象发放纸笔,让他们将这段时间的辅导想象成一棵大树成长的过程,大树的年轮、枝叶记载着每个人的成长和收获。请辅导对象分别绘制一棵自己的成长树,把自己的变化记录在上边。

3. 让辅导对象展示自己的成长树,使他们发现自己的变化。

第十一章　大学生情绪管理朋辈团体心理辅导

第一节　大学生情绪管理朋辈团体心理辅导的基本理论

一、什么是情绪

情绪是个体对于客观事物是否符合或满足自身需求所产生的一种内心体验。从性质来看,情绪可以分为积极的情绪和消极的情绪。积极的情绪会使人构建乐观、愉悦的主导心境,对个体的身心发展和活动效率起到推动作用。反之,消极的情绪则容易使人陷入悲观、消沉、压抑的体验中,不仅会影响个体的身心健康,对其社会活动效率也有一定的阻碍作用。因此,善于自我调整,主动进行情绪管理,形成积极向上的情绪体验,对个体发展意义重大。

二、情绪管理的内涵

从内涵方面来讲,情绪管理主要指的是个体能够客观察觉和表达自己的情绪和感受,并准确识别他人的情绪。情绪管理能够采取有效的方式,合理调节情绪,以乐观的态度、幽默的情趣及时缓解情绪影响的心理状态。总体来说,情绪管理包含个体对情绪的认知、理解、表达和调控等方面。

情绪管理强调的不是彻底消除消极情绪,事实上消极情绪也很难被彻底消灭。情绪管理所关注的是如何通过帮助个体正确地认知情绪,采用合理及有效的策略调控情绪、疏导情绪,恰当地表达情绪,从而放松心情,形成积极的情绪体验。

对于大学生来说,他们的心理承受能力和对自我内心世界的掌控能力尚显不足,非常容易受到周围环境和相关事件的影响,情绪的发展具有较明显的情境性和弥散性。一旦在生活中遇到困难或挫折,或有不如意的事情发生,他们都容易产生消极的情绪体验。而且一些学生缺乏有效的调控方式,不善于恰当地表达情绪,这使得这些消极情绪一旦产生,又极易对他们的生活产生持续性影响。因此,重视大学生的情绪调控,及时引导他们形成主动进行情绪管理的意识和有效策略,对于促进大学生的身心健康发展,推动和谐校园建设都具有重要意义。

三、大学生情绪发展的特点

大学阶段的个体正处于身心机能迅速发展的时期,在生理发展日趋成熟的同时,心理功能的发展也非常迅速。但在这一时期,大学生心理功能的发展尚未达到完善的状态与水平,他们仍处于从不成熟向成熟过渡的阶段。因此,他们的情绪发展状态也会呈现出成熟与幼稚并存的现象。

(一)情绪内容的丰富性

随着学习活动的深入,大学阶段的个体生活阅历和社会经验不断增加,视野日益开阔,接触的人与事越来越复杂。此外,这一时期个体对自我的探索以及对人生和社会的思考也越来越多,这些都会使他们产生丰富的情绪体验。

(二)情绪产生的情境性和冲动性

相较于中学阶段,大学阶段的学生认知水平发展迅速,然而来自学业和生活等多方面的压力也逐渐增大,并因此受到影响,产生兴奋、焦虑等复杂情绪。他们自尊心强,心思敏感,在意外界的评价和他人的认同,情绪唤醒水平比较高,情绪的波动性明显。一些小事,一些环境的变化,都容易左右他们的情绪,使其迅速爆发,表现出一定的情境性和冲动性。

(三)情绪表现的外显性与内隐性

大学生的情绪发展,一方面,由于具有情境性,会表现出外显、冲动的特点,另一方面,由于自我意识的发展、自我修养的提升以及自控能力的增强,他们也会主动控制自己的情绪,掩饰内心的真实体验,表现出一定的内隐性。因此,在与大学生接触的过程中会发现,他们的情绪发展具有一定的矛盾性。有时候他们表现出来的特点,未必是其真实情绪状态的反映,需要仔细揣摩。

(四)消极情绪影响的持久性

大学生毕竟心理发展不够完善,在受到周围事件影响而产生焦虑、压抑、紧张等消极情绪后,通常不能及时有效地采取措施迅速解决和处理,而是容易深陷其中,难以从不良情绪中摆脱出来。从而使得这些不适宜的情绪在他们的学习和社会生活中产生弥散性的持续影响,让他们倍感困扰与压力。

四、进行大学生情绪管理朋辈团体心理辅导的理论依据

(一)情绪 ABC 理论

情绪 ABC 理论认为,不良的消极情绪并非单纯由外界的诱发事件所引发,它的出现与个体对外界客观刺激的主观评价、态度、看法密切相关。要改变和管理不良情绪,应该从改善、矫正认知,形成合理的思维方式和正确的理念入手。因此,朋辈团体心理辅导应以帮助辅导对象形成对情绪的客观认识为切入点,促进其心理成长。

(二)情绪调节理论

情绪调节理论认为,有效的情绪调节有助于减轻人们的心理压力、提升生活品质,促进个人的成长与发展。情绪调节是个体主动行动的过程,涉及认知、行为和社交等诸多方面的调节与改变,其所关注的焦点是个体如何调节和管理自身情绪,以使个体形成积极的心态和良好的适应能力。依据这一理论,在朋辈团体心理辅导过程中应重视激发辅导对象的主动性,增强其情绪管理的自觉意识。

(三)心理学的基本理论

心理学对个体情绪的研究与探讨,深刻揭示了情绪作为主体的一种内心体验,对个体的生理、心理发展,人格完善以及社会适应性所具有的深远影响。心理学的相关理论强调个体应掌握调控情绪、恰当表达情绪以及培养良好情绪的方法与策略,从而形成积极向上、乐观愉悦的主导情绪,促进个体身心健康发展。因此,大学生情绪管理朋辈团体心理辅导应将帮助辅

导对象掌握情绪管理的策略和方法作为操作重点。

五、大学生情绪管理朋辈团体心理辅导中应注意的问题

（一）朋辈团体心理辅导员要准确理解情绪管理的内涵

要想开展行之有效的情绪管理辅导活动，辅导员首先要对情绪管理的内涵有深刻理解和准确定位。不能将情绪管理简单理解为消除不良情绪的过程，要认识到完善的情绪管理，既包括个体对情绪的识别，还包含对情绪的适当表达、有效调控等内容。在朋辈团体心理辅导过程中，辅导员要从多个维度对辅导对象进行指导与帮助。

（二）要善于对辅导对象的情绪问题进行有效识别

由于情绪困扰引发的心理问题具有多样性，并非所有情绪问题都适合通过朋辈团体心理辅导的方式解决。例如，恐怖、抑郁等性质较严重的情绪问题，往往需要个别心理咨询或者心理治疗方式的介入与帮助。因此，辅导员需加强专业学习，提升专业能力，能够对严重的情绪问题进行筛查与甄别，并及时进行转介等妥善处理。

（三）要重视矫正认知在情绪管理中的作用

情绪的管理和调节，并不仅仅取决于刺激事件本身，更主要的还取决于个体对这些事件的认知和解释。受个人经验、主观期待等因素制约，人们一般很难对诱发事件形成客观准确的认识与评价，进而形成不合理的观念。错误的认知和思维方式才是导致个体产生不良情绪的根本原因。因此，要想调控情绪就应该从矫正不合理认知和观念入手。在关于情绪管理的朋辈团体心理辅导过程中，辅导员对此要有充分认识，以帮助辅导对象构建合理认知为切入点，设计并开展相关辅导活动，切实促使辅导对象认识自我情绪，有效调整情绪状态。

（四）重视对辅导对象管理情绪方法的指导

情绪管理朋辈团体心理辅导的最终目标，应是使辅导对象形成对情绪和情绪管理的正确认识，掌握情绪管理的有效方法与策略。因此，在辅导过程中，辅导员应重视对管理策略的指导。需注意，方法不应直接提供，而应创设情境，引导辅导对象探索和发现，之后辅导员再进行总结、整理与呈现。

要充分体现朋辈团体心理辅导助人自助的本质,切实促进辅导对象心理发展与成长。

第二节　大学生情绪管理朋辈团体心理辅导实例

实例1:我的心情我做主

一、朋辈团体心理辅导目标

帮助成员澄清自己的情绪状况,理解情绪对身心发展和社会生活的影响,学会管理情绪的方法与技巧,形成良好的情绪体验。

二、朋辈团体心理辅导员

由1名性格开朗、善于沟通、接受过专门心理辅导技能培训,具有丰富的朋辈团体心理辅导活动组织经验、实践经验的朋辈心理辅导员,以及1名助手组成。

三、朋辈团体心理辅导对象

希望获得情绪管理技巧,乐于与人交流、分享和互助的大学生。

四、朋辈团体心理辅导性质

同质性、结构式、发展性团体。

五、朋辈团体心理辅导规模

15人。

六、朋辈团体心理辅导时间

每周一次,共三次,每次一小时。

七、朋辈团体心理辅导地点

温度适宜、大小合适,且环境温馨、安全的团体心理活动室。

八、辅导对象招募方式

公开招募、自愿报名,通过面谈筛选。

九、朋辈团体心理辅导评估方式

评估项目一:辅导员的自我评估;
评估项目二:观察员的观察记录;
评估项目三:团体成员的反馈表。

十、朋辈团体心理辅导实施方案

第一单元

[单元活动名称]:多彩的情绪。

[单元活动目标]:使辅导对象迅速相识,初步营造良好的朋辈团体心理辅导氛围,帮助辅导对象正确认识情绪的多样性及不良情绪对个体产生的影响。

一、破冰游戏:快乐之花

(一)活动目的

活跃辅导氛围,使辅导对象迅速相识并开展互动,为建立良好的辅导关系奠定基础。

(二)活动过程

1. 辅导员拿出一枝事先准备好的手工花,告诉辅导对象这就是"快乐之花",谁拿到它,就代表谁会获得快乐。

2. 辅导对象围成一圈坐好。辅导员先将"快乐之花"递给任意一位成员,并对其说:"祝贺你,你拥有了快乐。"该成员要对辅导员表示感谢,拿着花对其他人说"我是快乐的×××(姓名)",并进行简单的自我介绍。

3. 该成员介绍完成后,说"我愿意把快乐传递给大家",然后伴随着音乐将手中的花传递给其他人。

4. 辅导员控制音乐,随机停止音乐的播放。音乐停时,花传递到谁那里,谁就要用上述方式进行自我介绍,重复游戏过程。辅导员要注意控制好音乐,确保每个人都有拿着花进行自我介绍的机会。

5. 游戏结束后,引导辅导对象分享在活动中的心情与体会。

二、主要活动

（一）桃花朵朵开

1. 活动目的

引导辅导对象认识不同性质的情绪对个体心理的影响，增强其调节情绪的主动意识，形成积极的情绪体验。

2. 活动过程

（1）全体辅导对象围成一个圆圈，辅导员站在场地中间。

（2）辅导对象围成的圆圈开始移动，一边移动一边唱"我在这儿等着你回来，等着你回来，看那桃花开。桃花开几朵？"辅导员随机回答说"开几朵"。听到指令，辅导对象就要立刻组成几人一组。未成功组成小组的成员则被淘汰出局。其余的成员继续按上述方式进行游戏。

（3）坚持到最后的成员获得胜利，辅导员予以鼓励。

需注意，辅导员每次喊出的"开几朵"的数量要适当，避免一次性淘汰太多人。

（4）引导辅导对象分享在活动中的收获与体会，帮助其认识到情绪的多样性，以及不同情绪对个体身心的影响。

（二）我的心情

1. 活动目的

帮助辅导对象正确理解情绪的内涵与作用，同时对自我的情绪状态进行认识与了解，认清自己的主导情绪。

2. 活动过程

（1）辅导员展示多种表情的图片，引导辅导对象了解情绪的多样性。同时，辅导员通过具体事例，介绍情绪对个体产生的影响，使辅导对象对情绪的内涵与影响形成正确理解。

（2）引导辅导对象认识自己的主要情绪状态，并完成下列句子。

①今天我的心情_____。

②其实，最近一段时间我的心情主要是_____。

③在_____的时候，我会很高兴。

④在_____的时候，我就高兴不起来。

⑤每当心情好的时候，我感觉_____。

⑥每当心情不好的时候，我感觉_____。

⑦应该说,我心情好的时候要比心情不好的时候_____。(多或少)

⑧有时候,我还会出现以下情绪:

_____的时候,我的情绪是_____。

_____的时候,我的情绪是_____。

_____的时候,我的情绪是_____。

_____的时候,我的情绪是_____。

_____的时候,我的情绪是_____。

(3)引导辅导对象在团体内分享自己的常见情绪,进而发现情绪的多样性。

(4)引导辅导对象认清自己的主导情绪,思考这种情绪对自己身心健康、学习、生活的影响。

三、单元结束活动

(一)活动目的

回顾辅导历程,进一步说明辅导目标。

(二)活动过程

1.辅导员对本次辅导进行回顾与总结。

2.引导辅导对象分享在本次辅导中的收获和体会。

3.辅导员布置作业:思考自己的主导情绪是如何形成的? 能否主动进行调整和管理?

第二单元

[单元活动名称]:我的心情我做主。

[单元活动目标]:帮助辅导对象理解情绪对个体身心发展的影响,了解管理与控制不良情绪的策略与方法,激发其管理情绪的自觉意识和能动性。

一、作业回顾

(一)活动目的

巩固上一单元朋辈团体心理辅导的辅导成效,促进辅导目标的达成。

(二)操作过程

1.辅导员对上一单元的辅导进行简单回顾。

2.引导辅导对象分享上一单元辅导员布置的作业。

3.辅导员对成员作业的完成情况进行点评,帮助他们正确认识自己主导情绪产生的原因,明确情绪具有可控性,初步树立主动管理情绪的意识。

二、主要活动

（一）给身心放个假

1. 活动目的

进一步帮助辅导对象认清自身的不良情绪，并探索管理情绪的方法与技巧。

2. 活动过程

（1）放松心情

采用雅各布森渐进式肌肉放松技术，引导辅导对象进行身心放松：

选择节奏舒缓、旋律轻柔的音乐作为背景。辅导对象选择自己觉得舒适的姿势坐好，闭上眼睛，排除头脑中的杂念，集中注意力于当下。身体肌肉放松，如果有束缚身体的饰物应去除。

深呼吸。深深地吸一口气，然后慢慢地呼出。如此反复深呼吸三次左右，每次呼气都要缓慢。

绷紧脚背肌肉，脚趾用力向下弯曲，保持10秒钟左右，体验肌肉紧张的感觉。随后慢慢放开脚趾，放松脚部肌肉，保持10秒钟左右，感受放松的状态。

绷紧脚掌肌肉，脚趾用力向上翘，保持10秒钟左右，体验肌肉紧张的感觉。随后慢慢放松脚掌肌肉，保持10秒钟左右，感受放松的状态。

绷紧小腿肌肉，脚趾朝膝盖方向翘起，慢慢放松……

绷紧大腿肌肉，使其朝膝盖方向用力，慢慢放松……

绷紧臀部肌肉，使两边向中间聚拢，感受紧张的状态，慢慢放松，体验肌肉的紧张与放松……

绷紧腰部肌肉，使之呈弓形，慢慢放松，体会这种感觉……

绷紧腹部的肌肉，腹部紧缩、绷紧，慢慢放松……

用力吸气，绷紧胸部的肌肉，体验肌肉的紧张与放松……

双肩的肩胛骨向后伸展，努力聚拢，绷紧肌肉，慢慢放松……

双肩向上耸，尽力去触及自己的耳朵，慢慢放松……

将头尽量向后仰，绷紧颈部的肌肉，体验绷紧……放松。

绷紧下巴的肌肉，用力张大嘴巴，使面部肌肉紧张，慢慢放松……

闭口咬紧牙关，体验嘴部肌肉的紧张，慢慢放松……

用力睁大眼睛，上挑眉毛，使额头肌肉紧张，慢慢放松……

紧闭双眼,体验眼周围肌肉的紧张,慢慢放松……

笔直地伸出手臂,绷紧肘部,慢慢放松……

前臂举起来,靠近肩膀,双臂同时用力,绷紧后放松……

握紧拳头,使手部肌肉紧张,体验这种感觉,慢慢放松……

伸展五指,绷紧手指的肌肉,慢慢放松……

慢慢睁开眼睛,体会自己放松后的感受。

(2)引导成员分享情绪放松后的感受,组织大家讨论和交流如何让自己保持平和、愉悦、乐观的情绪体验,增强情绪管理的主动意识。

(二)我手画我心

1.活动目的

帮助成员认清自己当下的情绪状态,正确认识情绪对个体身心的影响。

2.活动过程

(1)向辅导对象发放彩笔和白纸。

(2)引导辅导对象反思自己的情绪,澄清目前使自己受到困扰的消极情绪,并选择合适颜色的彩笔,在白纸上用图形将其画出来。

(3)辅导对象相互分享作品,并依次说明这代表哪种情绪,它是如何产生的,与什么事件有关。

(4)引导辅导对象思考能否给自己的图画添加一些明快的形状、颜色或景物,使其看起来更阳光、更有生机。

(5)引导辅导对象体验画面调整后自己的情绪状态,并思考从中能得到哪些启发。

(6)引导辅导对象体验不同的情绪对自己的影响,使他们认识到要善于表达不良情绪,并应主动调整不良情绪。

(7)引导辅导对象讨论如何有效控制、调整自己的情绪,保持快乐心情。

(8)辅导员整理、总结大家的意见,就情绪管理提出指导性建议。

三、单元结束活动

(一)活动目的

回顾辅导历程,引导辅导对象正确认识辅导收获。

(二)活动过程

1.辅导员对辅导过程进行归纳与总结,引导大家分享辅导收获。

2.辅导员进一步说明辅导目标,协助辅导对象巩固成长经验。

第三单元

[单元活动名称]:快乐每一天。

[单元活动目标]:帮助辅导对象进一步理解积极的情绪体验对个体的影响,增强自我管理情绪的主动性,巩固在团体中的经验,掌握营造愉悦心情的方法。

一、暖身活动:情绪传染

(一)活动目的

活跃辅导氛围,使辅导对象放松心情,关注内心状态,并认识到情绪具有的感染性。

(二)活动过程

1. 辅导对象围成一圈,闭上双眼,调整呼吸,排除杂念,保持心情平静。

2. 一人作为"传染源"站在场地中央,任意走到一名成员面前,拍拍他的肩,让其睁开眼睛观察、模仿自己的悲伤表情,然后由该成员将这个表情依次传递给其他人。

3. 一轮活动结束后,引导辅导对象体会情绪传递过程中内心的变化。

4. 重复上述游戏过程,将传递的表情更换为快乐。

5. 活动结束后,引导辅导对象分享在活动中的感受与体会,使其认识到不同的情绪不仅会影响自己,还会影响他人。

二、主要活动

(一)快乐分享

1. 活动目的

帮助辅导对象体会积极情绪的影响,激发他们调整情绪的主动意愿,使其掌握管理情绪的技巧。

2. 活动过程

(1)引导辅导对象依次发言,说一说在什么情况下自己的心情会比较好,自己感觉最快乐的事情是什么。

(2)引导辅导对象对分享内容进行分析,使他们认识到生活中有许多事情能使人快乐,关键要善于发现。

(二)天天有个好心情

1. 辅导员通过具体事例向大家阐述心情愉快对身体健康、心理发展、个性养成、活动效率所具有的积极影响,强调应该保持快乐心情。

2.引导辅导对象分享自己调整情绪、保持快乐心情的方法。

3.辅导员总结大家的讨论结果,向辅导对象介绍能使个体心情愉悦的有效策略。

三、单元结束活动

(一)活动目的

引导辅导对象明确自身的收获与成长,有效结束辅导活动。

(二)活动过程

1.引导辅导对象分享在活动中自己的成长和变化。

2.辅导对象就以下问题进行交流:通过参加朋辈团体心理辅导,自己在情绪管理方面有哪些收获?

3.辅导员对大家的变化和进步予以肯定和鼓励,再次强调辅导目标,顺利结束辅导活动。

实例 2:向快乐出发

一、朋辈团体心理辅导目标

帮助辅导对象正确理解情绪对个体社会生活和身心健康的影响和重要意义。引导辅导对象审视自身的情绪,了解自己主导情绪的特点,形成对情绪内涵的正确认知,掌握调节、管理情绪以及营造愉悦心情的方法和技巧。

二、朋辈团体心理辅导员

大学生心理健康协会成员,接受过系统的朋辈团体心理辅导理论与实践操作培训。为人开朗、热情,善于沟通,具有较强的沟通能力和亲和力。

三、朋辈团体心理辅导对象

有意愿改变或调节自身情绪状态,能认真对待团体活动,乐于沟通、分享,性格大方、友善、真诚的在校大学生。

四、朋辈团体心理辅导性质

同质性、结构式、发展性团体。

五、朋辈团体心理辅导规模

20 人。

六、朋辈团体心理辅导时间

每周一次,共三次,每次一小时。

七、朋辈团体心理辅导地点

温度适宜、大小合适,环境温馨、封闭,有活动桌椅的教室。

八、辅导对象招募方式

公开招募、自愿报名,通过面谈筛选。

九、朋辈团体心理辅导评估方式

评估项目一:辅导员的自我评估;
评估项目二:团体成员的反馈表;
评估项目三:观察员的观察记录。

十、朋辈团体心理辅导实施方案

第一单元

[单元活动名称]:有缘千里来相会。

[单元活动目标]:使辅导对象相识,并开展互动,引导他们相互了解,明确团体规则,形成良好的团体秩序。

一、团体热身:相见恨晚

(一)活动目的

使辅导对象彼此认识和了解,建立良好的互动关系,营造积极的情绪体验。

(二)活动过程

1.播放轻柔的背景音乐。伴随音乐,辅导对象自由、随机地在团体内寻找伙伴,并按照自己喜欢的方式与对方交流、互动,相互了解。

2.5分钟后,这一环节活动结束,辅导对象要在团体内分享刚才与伙伴

交流的话题,由辅导员记录在大白纸或者黑板上。

3. 引导辅导对象交流和分享:在这一环节中自己的收获和体会是什么? 情绪方面有什么样的变化? 当下心情如何? 帮助辅导对象认识到,真诚地与他人交流和沟通,不仅可以展示自我、了解他人,还有助于情绪的调节。

二、主要活动

(一)快乐源泉

1. 活动目的

引导辅导对象善于发现生活中的美好,主动寻找自己的情绪快乐源泉,增强调节情绪的主动意识。

2. 活动过程

(1)为辅导对象分发小瓶子、彩纸和笔。

(2)要求辅导对象认真回顾自己生活中的点点滴滴,在彩纸上写下能让自己开心、快乐、愉悦等积极情绪的事件。需注意,一张纸上只写一个事件。

(3)写好后,认真阅读自己所写内容,用心感受这些事件给自己带来的力量和情绪上的积极影响。

(4)在写有文字的纸上再画一个图案,用来代表自己的心情。

(5)完成上述任务后,将纸折成纸条放入瓶子中,看看自己的瓶子里装进了多少张纸条。

(6)引导辅导对象分享在活动中的收获与体会,使其认识到,情绪有很多种,但要善于发现生活中的美好,努力培养积极的情绪。

(二)情绪大树

1. 活动目的

引导辅导对象进一步交流和互动,正确认识与理解情绪的作用。

2. 活动过程

(1)辅导对象围圈而坐,为其发放纸笔。

(2)引导辅导对象在自己的纸上画出一棵大树,用来表示情绪。在树上画出各种果实(可以是真实的,也可以是想象、虚拟的),用来代表自己所拥有的各种情绪。

(3)引导辅导对象端详自己的情绪大树,体会一下自己的生活中经常出现哪些不同的情绪,这些情绪是积极的还是消极的,对自己的身心和生活有哪些影响。

（4）引导辅导对象在团体内交流和分享自己的情绪大树。

（5）辅导员阐述情绪的内涵与作用，引导大家对情绪形成正确的认识，了解情绪的多样性和不同情绪对个体身心的影响，激发其调控、管理情绪的主动性。

（三）吐露心声

1. 活动目的

引导辅导对象在团体内表达自己的期待与目标，促进彼此间相互了解。同时，解释和说明辅导目标，明确团体要求，营造有序的辅导活动氛围。

2. 活动过程

（1）辅导对象围圈而坐，为其发放纸笔。

（2）引导辅导对象认真思考，独立回答下列问题：

①我希望参加的这个团体，是一个＿＿＿＿＿＿＿＿＿＿＿＿＿的团体。

②我希望通过参加这个团体使自己＿＿＿＿＿＿＿＿＿＿＿＿＿＿。

③在这个活动中，我最担心＿＿＿＿＿＿＿＿＿＿＿＿＿＿＿＿＿。

④为了保证辅导活动顺利进行，我愿意＿＿＿＿＿＿＿＿＿＿＿＿＿。

（3）辅导对象轮流到圈子的中央分享自己的回答。

（4）辅导员整理、总结大家的回答，并说明辅导目标，引导大家据此调整自己的期待，使其恰当、合理。

（5）引导辅导对象结合自己的回答，共同讨论在活动中应该遵守的规则，将大家达成共识的内容确定为团体规范，并约定共同遵守。

（四）情绪，我想对你说

1. 活动目的

引导辅导对象通过纸笔练习，整理、宣泄内心的情绪，进一步明晰情绪的性质，增强培养积极情绪的主动性。

2. 活动过程

（1）引导辅导对象完成以下纸笔练习：

①从前，每当我不开心时，我会＿＿＿＿＿＿＿＿＿＿＿＿＿＿＿。现在我知道这样做＿＿＿＿＿＿＿＿＿＿＿，因为＿＿＿＿＿＿＿＿＿。

②从前，每当别人不开心时，我会＿＿＿＿＿＿＿＿＿，现在我知道这样做＿＿＿＿＿＿＿＿＿＿＿，因为＿＿＿＿＿＿＿＿＿＿＿。

③情绪，我想对你说，以后的每一天我都要心平气和，开心快乐，因为＿＿＿

　。

（2）辅导对象间交流、分享自己的作答内容,相互肯定与鼓励。

（3）辅导员进行总结,引导大家要自觉为自己的情绪赋能,主动体会积极的情绪。

三、单元结束活动

（一）活动目的

回顾辅导历程,顺利结束单元活动。

（二）活动过程

1. 辅导员梳理本单元活动内容,并再次强调活动目标,引导辅导对象正确认识本次朋辈团体心理辅导的目标。

2. 引导辅导对象分享在本单元活动中的收获与体会,增强其对辅导团体的认同感和归属感。

<h2 style="text-align:center">第二单元</h2>

[单元活动名称]:解开情绪密码。

[单元活动目标]:引导辅导对象掌握调节情绪的方法和策略,提升情绪管理能力。

一、团体热身:情绪气球

（一）活动目的

营造轻松愉快、温馨和谐的团体氛围,激发辅导对象的积极性和对情绪的感知能力,为后续朋辈团体心理辅导做好准备。

（二）活动过程

1. 准备宽敞、平坦且安全的活动场地及若干个彩色气球。

2. 将气球充满气,并用记号笔标记上不同情绪的名称,如"开心""气愤"等,将准备好的气球统一放在收纳箱中。

应注意,所写的情绪名称字号不要太大,不要过于醒目,而且不同颜色的气球要对应不同的情绪。

3. 成员依次随机在收纳箱中抽取一只气球,仔细查看上面标注的情绪名称,并用夸张的表情或者动作把这种情绪表现出来,让其他人猜测自己表演的是什么情绪。

4. 辅导对象分享:看到气球上的情绪名称时、进行情绪表演时、猜出他人表演的情绪时内心的感受和体会。

二、主要活动

（一）情绪曲线

1. 活动目的

引导辅导对象认清自己的主导情绪，并尝试分析自己情绪的来源，进而了解情绪对个体学习、生活等方面的影响。

2. 活动过程

（1）给每个辅导对象分发一张 A4 白纸，要求其在纸上绘制一张坐标图。其中，横坐标表示时间，可以标注上周一到周日。纵坐标表示主导情绪，可以标注上不同性质的情绪，如"开心""愉快""愤怒""悲伤"等。应注意，消极情绪要标注在纵坐标下方，积极情绪标注在纵坐标上方。

（2）要求辅导对象静下心来，认真回顾最近一周自己的情绪。用圆点表示自己在每一天的主导情绪，并将这些圆点相互连接，形成情绪曲线。

（3）辅导对象相互交流、分享自己的情绪曲线，分析引发自己不同情绪的原因，以及不同性质的情绪对自己产生的影响。

（4）辅导员进行活动总结，使辅导对象认识到每个人都会出现不同的情绪，帮助其明确管理情绪、形成积极情绪体验的重要性。

（二）情绪镜中人

1. 活动目的

帮助辅导对象认识到情绪对自身的影响以及情绪的感染作用。

2. 活动过程

（1）先将辅导对象分成两人一组。每组要有一名成员扮演照镜子的人，做出各种快乐的表情，另一名成员则要扮演镜中的成像，模仿对方的样子。一轮表演完成后，双方互换角色，重复上述过程。

（2）推选一组表演效果最好的伙伴，在团体中进行表演，同时要求其他辅导对象保持安静，认真观看并仔细体会自己情绪的变化。

（3）引导辅导对象分享、讨论在活动中的感受与体会：在模仿别人的表情、观察别人的表演情绪时，自己是否出现了情绪的变化？通过这一分享和讨论，促使辅导对象认识到情绪的可控性及感染作用。

（三）情绪加油站

1. 活动目的

帮助辅导对象认识到情绪是可以调节和控制的，掌握调节情绪的方法

与技巧,使其明白每个人都应该成为自己情绪的主人。

2. 活动过程

(1)心理故事分享

从前,有一位女士,她的情绪非常不稳定,经常发脾气。每次生气的时候,她就会摔东西,摔完东西后又会大吃一顿。为此,她自己也很苦恼。

有一天,她又因为发了脾气在餐厅大快朵颐,无意间听到一位智者说:"其实,每个人都有不开心的时候,但不同的人面对这样的负面情绪却有不同的处理方式。例如,有的人生气会摔东西。虽然当时解气,但当不再生气时就会后悔,因为自己破坏的东西,还要自己花钱买回来。其实,面对这样的情况,不用摔东西,也能让自己快乐起来。当自己心情糟糕时,不要着急行动,而是要提醒自己在心中默默数三个数,然后告诉自己,'我很平静,我很高兴'。只需一分钟就会发现自己的心情平和许多。"这位女士受到启发,在生气时按照这个方法去做,果然情绪逐渐好了起来。

(2)引导辅导对象思考:在生活中,怎样才能使自己的情绪变得平静和积极。辅导对象依次分享自己对情绪管理方法的理解,以及自己在生活中调节、管理情绪的常用方法。

(3)大家共同分析各种方法的可行性,探寻管理情绪、调节心情的有效策略。

(4)辅导员进行总结,就如何调节情绪提出意见和建议。

三、单元结束活动

(一)活动目的

回顾辅导历程,引导辅导对象发现自己的收获与成长,顺利结束辅导活动。

(二)活动过程

1. 引导辅导对象分享自己在本次朋辈团体心理辅导过程中的收获与感受。

2. 辅导员进行活动总结,并就情绪管理的意义、如何调节自己的情绪等问题进行指导并给出建议。

第三单元

[单元活动名称]:向幸福出发。

[单元活动目标]:帮助辅导对象总结在辅导过程中的收获与成长,增强

自信体验,顺利结束辅导活动。

一、团体热身:悬赏令

(一)活动目的

活跃辅导氛围,使辅导对象间相互认同与欣赏,帮助其进一步增强自我认知和自我悦纳。

(二)活动过程

1. 辅导对象围圈而坐,为其分发纸和笔。

2. 要求每个人都在纸的顶端写下自己的名字,并将其传递给自己右手边的成员。

3. 每位辅导对象都要在面前的纸上,为署名的人画上其脸部形状的轮廓。

4. 按照上述方式将纸依次传递给下一位成员,并在辅导员的指令下,由不同的辅导对象依次为纸上署名人的脸部轮廓添加头发、眉毛、眼睛、鼻子、嘴巴等身体部位,并写下一句对这个人的评价。

5. 当这张纸传递到署名成员左手边的人时,由其在纸上写上"悬赏令,金额×××"。然后将这张纸传递回署名成员的手中。

6. 要求辅导对象仔细欣赏自己的"悬赏令",认真阅读每个人对自己的评价。

7. 引导辅导对象分享在这一活动过程中,看到他人对自己的评价和"悬赏令"金额时,自己的感受和体会。

二、主要活动

(一)快乐大丰收

1. 活动目的

帮助辅导对象发现自己的成长和收获,增强面对未来的信心。

2. 活动过程

(1)辅导对象围圈而坐,逐一到场地中央分享参加此次朋辈团体心理辅导前后,自己在情绪方面的变化。

(2)辅导对象分享:通过此次辅导,自己对情绪内涵、作用的理解以及对情绪管理的认识。其他成员要认真聆听他人的分享,不打断、不评价,并用掌声对分享者表示鼓励和肯定。

(3)辅导员肯定大家的进步,并鼓励辅导对象将辅导收获积极应用到现

实生活中。

（二）一起向未来

1. 活动目的

引导辅导对象对自己给予肯定,对未来积极期许,自信乐观地面对生活。

2. 活动过程

（1）为辅导对象发放纸、笔和信封,要求其给自己写一封信。

（2）这是一封写给自己的信,信的开端要先写上自己的名字。信的内容要积极向上,主要包括以下几方面：

我感谢自己：_____。

我欣赏自己：_____。

我相信自己：_____。

我希望自己：_____。

我祝愿自己：_____。

（3）辅导对象将信写好后装入信封,并在信封上标明自己的姓名和收信地址。

（4）辅导员负责在活动后将信分别寄给大家。

三、单元结束活动

（一）活动目的

回顾、总结辅导历程,处理好辅导对象的分离情绪,安全有效地结束朋辈团体心理辅导。

（二）活动过程

1. 辅导员对活动进行总结,肯定辅导对象的成长,对其在辅导过程中的收获予以肯定和鼓励。

2. 辅导对象围圈而坐,辅导员为每个人分发两张可以粘贴的小卡片。

3. 要求辅导对象在每张卡片上写下一段送给其他成员的祝福语,并将卡片分别贴到自己左右两边的成员身上。

4. 大家取下身上的卡片,仔细阅读,并相互感激,分享感受和体会。

5. 播放轻柔的音乐,伴随音乐与祝福结束团体活动。

第十二章　大学生恋爱
朋辈团体心理辅导

《中长期青年发展规划(2016—2025 年)》中明确指出:"加强青年婚恋观、家庭观教育和引导。将婚恋教育纳入高校教育体系,强化青年对情感生活的尊重意识、诚信意识和责任意识,引导青年树立文明、健康、理性的婚恋观。"①由于大学阶段的青年个体,心理发展的成熟度尚未达到完善状态,正确的恋爱观尚未真正确立,与异性有效沟通的技巧、对恋爱中各种问题的处理能力以及对自我的掌控能力依然有待提高。对于如何科学认识爱情的实质,构建正确的恋爱观,采取有效的方法、策略妥善处理恋爱中的各种问题,他们既没有做好必要的心理准备,也缺乏相关的经验储备。这些无疑会使得他们在面对恋爱问题时,感到困扰与茫然,迫切需要得到专门的帮助和指导。

第一节　大学生恋爱朋辈团体心理辅导的基本理论

一、关于恋爱的概念

(一)什么是爱情

爱情,是人类发展历程中不可或缺的一个重要因素。从古至今,一直有人在研究、探索爱情的内涵与本质。关于什么是爱情,不同的人有不同的见解。比如,有的人认为爱情是人们彼此间以相互倾慕为基础的关系;还有人认为爱情是感情的最高位阶;也有人认为爱情是精神与意识的结合,是非物

---

① 中共中央 国务院印发《中长期青年发展规划(2016-2025 年)》[EB/OL]. (2017-04-13) [2024-12-03]. https://www.gov.cn/zhengce/202203/content_3635263.htm#1.

质的非意识状态。综合来看,爱情是指恋人之间基于一定的社会关系和共同的生活理想,在各自内心形成的对对方最真挚的倾慕,并渴望对方成为自己终身伴侣的最强烈的感情①。

从本质上来说,爱情是男女双方互相爱慕的行动过程。爱情是异性之间在社会环境和身心因素的制约和影响下,彼此不断了解、不断适应,相互体验爱与被爱的感觉,从而逐渐构建起亲密的人际互动关系的过程。这是人类特有的一种高尚的精神生活。

(二)恋爱与爱情

恋爱是一种特殊的人际互动过程。在这一过程中包含恋爱双方对爱情的理解与认知、相互之间亲密的情感体验,以及由此而产生的生理、心理层面的行为。进行恋爱活动,是拥有爱情的必由之路,爱情则是恋爱行为产生的行动结果。当然,不是所有的恋爱过程都一定会使人获得美好的爱情,但是美好的爱情一定是经由恋爱过程才能拥有的。

二、大学生恋爱的特点

(一)恋爱年龄趋向低龄化

随着社会的发展,个体受越来越多样化的社会因素和文化因素影响,心理与思想开始趋向早熟与开放,恋爱年龄普遍提前。以往,在大学二年级以后,恋爱学生人数才逐渐增加。但现在,大一开始恋爱的学生人数逐渐攀升,相当一部分学生在上大学之前就已经开始恋爱了。有人在针对近 700 名大学生的调查中发现,大一年级"有恋爱经历"的学生占比 58.3%②。可见,大学生恋爱年龄低龄化的倾向愈发明显。

(二)恋爱渴求的迫切化

目前,一些学生进入大学后迫切地想要开始恋爱,表现出对恋爱渴求的心理。究其原因,大致有以下几个方面。

1.满足虚荣心

一些学生存在虚荣心理,认为不谈恋爱、身边没有恋人是无能的表现,

---

① 许志红,李清.新编大学生心理健康教育[M].长春:吉林大学出版社,2022:124.
② 郭娓娓."00后"大学生恋爱态度的调查与教育应对路径[J].林区教学.2023(10):93.

会被人笑话,没有面子。因此,他们会急切地寻找异性交往,开始恋爱行动以满足自己的虚荣心。但因这种恋爱的出发点存在认知偏差,缺乏认真、审慎、负责任的态度,恋爱关系极不稳定。

2.排解寂寞

大学阶段的教学特点使学生自主支配的时间比中学增多。一些学生缺乏对时间的科学规划与管理,不能有效地利用这些时间去充实自己、丰富知识储备、提高自身能力和素质,除上课外无所事事。他们常感觉空虚、寂寞,百无聊赖,希望通过谈恋爱丰富生活,填补精神空虚。

3.从众心理

大学生心理发展成熟度有待提高,对自我的掌控性及对问题理性、客观的认识水平存在局限,容易人云亦云,受周围的人或事影响。当身边的人开始谈恋爱时,他们就会着急,认为别人恋爱了自己也不能落下。尤其是同寝室或同班的同学逐渐开始恋爱后,他们的压力也会增大,渴望恋爱,找个"伴"的心情愈发迫切。其实这种心理,既是从众心理的体现,从某种程度上来说也是虚荣心在作怪。

4.认知偏差

一些学生存在恋爱认知偏差和非理性信念,认为大学阶段浪漫多彩、经历丰富。因此,必须找个恋人谈一场轰轰烈烈的恋爱,还将其视为大学"必修课",否则就错过美好时光。因此,他们匆匆忙忙开始恋爱行动,却对爱情本质、如何恋爱等问题缺乏必要、审慎的思考。

5.个体差异

除上述原因,由于大学生在年龄、生理发育水平和心理发育水平等方面存在明显个体差异,一些年龄比一般学生大,或生理、心理发育更为成熟的学生,通常会产生比其他学生更迫切的恋爱欲望。

(三)恋爱表现的公开化

目前,大学生的恋爱呈现出明显的时代特点。他们对在大学阶段谈恋爱的态度更加开放和包容,认为这很正常。而且,这个阶段的年轻人个性张扬,激情洋溢,热情奔放,重视自身心理体验,常忽略他人的评价和外界态度。因此,他们对恋爱中的行为表现也不再遮遮掩掩,而是比较大胆、自我,越来越趋向公开化。

（四）恋爱目的的多元化

大学生迫切渴求恋爱的原因多样，他们通过恋爱想达到的目的也各不相同。例如，有的学生是为了在同学面前炫耀，有的是为了给自己找个"伙伴"，有的是为了将来的发展，也有的是想寻找婚姻的对象……多样化的恋爱目的，既反映学生的个体差异，也充分说明大学生对恋爱关系未来的发展缺乏必要的理性思考，恋爱态度不够成熟，其中包含许多冲动、盲目、短视的成分，需要帮助和指导。

（五）恋爱周期的短程化

大学阶段的个体，思想发展尚未真正完善、成熟，一些人的恋爱观、恋爱动机、恋爱目的带有明显的盲动性。一些学生只在乎恋爱过程本身，注重恋爱过程中的浪漫感受和美好的情感体验。他们对恋爱的看法、态度不端正，双方的了解、认识不深入，对恋爱中各种问题的发生缺乏解决处理的心理准备和有效的方法策略，恋爱中的责任意识也相对淡薄。这必然导致恋爱关系稳定性不足，脆弱性明显，恋爱周期缩短。

三、进行大学生恋爱朋辈团体心理辅导的相关理论依据

（一）马斯洛的需要层次理论

马斯洛的需要层次理论表明，每个人都有爱和被爱的需要，满足这一需要是实现更高级需要的前提。对于大学阶段的学生而言，他们对爱的渴望强烈，且乐于表达爱。然而，大学生在对待爱情的态度、处理恋爱问题的能力以及爱与被爱的能力方面，存在着欠缺和不足。因此，朋辈团体心理辅导应根据大学生心理发展的这一特点，对其进行指导与帮助，引导他们丰富知识储备、培养爱的能力，掌握爱的技巧，增强恋爱行为的实效性。

（二）斯滕伯格的"爱情三元论"

斯滕伯格认为，爱情包含三种成分：激情、亲密和承诺。一段完美的爱情是要体现出这三个元素的作用的。它们彼此之间相互影响、相互促进，缺一不可，形成了一个稳定的"爱情三角形"，构成了个体丰富的感情世界。因此，在设计朋辈团体心理辅导方案时，辅导员应注意引导辅导对象充分理解这三个元素在爱情中的作用，让他们认识到恋爱是一个需要双方认真对待、

精心培育和呵护的过程。要引导辅导对象理解爱情的内涵与本质，形成对恋爱的正确认识，助力其构建科学的恋爱观。

（三）爱情态度理论

爱情态度理论认为，爱情是对某一特定的他人所持有的一种态度。这种理论将爱情归为社会心理学的人际吸引，并能使用一般测量方法研究爱情。① 依据该理论，在朋辈团体心理辅导过程中，需帮助辅导对象客观理解爱情的内涵，学会区分爱情与喜欢、爱情与友谊的差异，帮助他们形成对爱情的正确认识。

四、大学生恋爱朋辈团体心理辅导过程中应注意的问题

（一）了解当前大学生恋爱中存在的主要问题，以制定有针对性的辅导方案

朋辈团体心理辅导员应该深入大学生的生活实际，全面了解当前大学生恋爱过程中存在的主要问题，做好相应的辅导准备。通常，大学生恋爱中常见的问题主要有以下几个方面。

1. 恋爱动机不端正

恋爱是两情相悦、彼此承诺且有责任感的人际互动过程。恋爱双方都应该秉持认真的态度开始交往，既不能强求，也不能随意。但在现实生活中，一些学生恋爱动机存在问题，如为排解寂寞、寻求刺激、满足私欲等。这些学生为恋爱而恋爱，只是想要恋爱的经历、满足自身的某种欲望或者是在他人面前炫耀。这些学生的恋爱行为盲目、冲动、草率，极易对他人和自己造成伤害。

2. 沉溺于恋爱，忽视正常的学习活动

在大学阶段，学习仍然是学生的主要任务，需认真对待。但一些学生一旦谈起恋爱便全身心投入，沉溺于其中，难以自拔，将恋爱视为生活的核心，而把学习任务抛到脑后。尤其是在热恋期或恋爱出现冲突、波折时，更是难以自制，脑子里想的都是关于恋爱的事情，根本无暇顾及学习。由于不能妥善处理恋爱与学习的关系，这些学生在学习成绩、学习效果等方面会受到影响，而且个人其他方面的发展也会受到制约，甚至恋爱本身也难以成功。

---

① 刘敏.心灵领航——大学生心理健康教育[M].北京:中国轻工业出版社,2021:90.

3.缺乏技巧,不能妥善解决恋爱中的问题

大学生人生经验和社会阅历有限,价值观、恋爱观也尚未完全确立,这就使得他们虽然进入恋爱阶段,却缺乏必要的恋爱技巧,不知道如何有效沟通和交往,更不知道如何妥善处理恋爱中的矛盾和问题,常因此陷入困扰。

4.缺乏对失恋的心理准备及应对策略

有恋爱就会有失恋。其实,失恋是恋爱过程中一个非常普遍且正常的现象,同时也是人生的一段重要经历与记忆,是磨砺性格、提升心理承受力的过程。但一些学生由于将恋爱理想化,全身心投入,对失恋没有任何心理准备,或者自尊心过强,过于在意别人的评价,因此无法接受失恋的现实。一旦失恋,他们内心非常痛苦,情绪低落、意志消沉,自我评价失衡。他们或是对恋情难以割舍,深陷其中无法自拔;或是对对方充满怨恨,进行攻击报复;或是万念俱灰,甚至产生轻生厌世的想法。

因此,在朋辈团体心理辅导过程中,辅导员务必高度重视这些可能出现的问题,并要做好充分的准备,有针对性地设计辅导方案。朋辈团体心理辅导应积极发挥预防和疏导的作用,帮助学生正确认识恋爱中的各种问题,掌握有效的应对策略,妥善处理和解决问题,切实避免极端问题的发生。

(二)注意帮助辅导对象树立正确的恋爱观

恋爱观,是个体对爱情及恋爱过程的态度与看法。在正确恋爱观的指引下,个体会形成正确的择偶态度和恋爱行为,对爱情表现出慎重、认真与理性,对对方和恋爱过程充满责任与真诚。同时,他们也会摆正恋爱在自己生活中的位置,协调好恋爱与学习、社交及个人发展等方面的关系。相反,如果恋爱观不正确,个体便无法真正理解爱的本质及恋爱过程,恋爱动机和行为易出现偏差,进而影响双方的身心发展、学习和生活。例如,缺乏责任意识,恋爱行为放纵,只考虑自己的感受和需求等。长此以往,在错误恋爱观的影响下,这些人不仅会伤害别人,最终也必然会伤害到自己。

因此,在设计朋辈团体心理辅导方案时,辅导员一定要注意帮助辅导对象树立正确的恋爱观。要使他们认识到,不同的恋爱观会产生不同的恋爱行为和结果。引导他们端正恋爱态度,懂得尊重对方的情感和人格,同时做到自尊自爱,明确爱情是一种责任和奉献,遵守道德准则,承担必要的责任和义务。要使他们摆正爱情与学业的关系,学会理智对待和处理恋爱中的各种问题。

（三）帮助辅导对象掌握恋爱中的交往艺术及处理问题的技巧

恋爱是一门艺术,体会爱、表达爱都需要学习。一些学生在恋爱中感到折磨、挫败和困扰,其实这与他们缺乏交往技巧、不能坦然面对问题以及无法有效运用解决问题的策略密切相关。因此,要想通过朋辈团体心理辅导对辅导对象产生积极的影响,就一定要重视方法的传授,要教会他们如何做好爱的准备,掌握爱的艺术,妥善处理恋爱中的各种问题,实现爱的升华。

第二节　大学生恋爱朋辈团体心理辅导实例

实例 1:浪漫的事

一、朋辈团体心理辅导目标

协助辅导对象进行自我探索,端正对爱情的态度,形成对爱情和恋爱过程的科学认知,树立正确的爱情观。帮助辅导对象掌握表达爱、处理恋爱问题的方法与技巧,并做好迎接爱情的心理准备。

二、朋辈团体心理辅导员

了解大学生心理特点,接受过系统的朋辈团体心理辅导理论与技能培训,组织并开展过相关主题的朋辈团体心理辅导。

三、朋辈团体心理辅导对象

希望明确自身爱情观、获取爱的技巧,乐于表达与分享,能够与他人积极互动的在校大学生。

四、朋辈团体心理辅导性质

同质性、结构式、发展性团体。

五、朋辈团体心理辅导规模

24 人。为方便辅导活动开展,要求男生、女生各 12 人。

六、朋辈团体心理辅导时间

每周一次,每次九十分钟,共三次。

七、朋辈团体心理辅导地点

温度适宜、大小合适,环境温馨、安全的团体心理活动室。

八、辅导对象招募方式

公开招募、自愿报名,通过面谈筛选。

九、朋辈团体心理辅导评估方式

评估项目一:辅导对象的反馈表;
评估项目二:助手的反馈表;
评估项目三:辅导员的自我评估。

十、朋辈团体心理辅导实施方案

第一单元

[单元活动名称]:这就是爱。

[单元活动目标]:促进辅导对象相识,建立团体规范,明确团体活动要求,形成良好、融洽的辅导气氛和团体秩序。同时,明确辅导目标,协助辅导对象初步形成对爱情的正确认识,构建科学恋爱观。

一、暖身活动:有缘相聚

(一)活动目的

促进辅导对象相识与互动,营造轻松、温馨的朋辈团体心理辅导氛围。

(二)活动过程

1. 将辅导对象按照性别分成男生一组、女生一组。

2. 播放背景音乐,要求辅导对象快速行动,分别找到与自己不同性别的伙伴,组成两人小组。

3. 每个两人小组的成员相互问好,并进行自我介绍。

4. 音乐停止,每个小组的男性成员在介绍自己的同时,将自己的女性伙伴介绍给大家。

5.游戏结束后,辅导员引导大家交流并分享在活动中的感受

6.引导辅导对象正确认识异性之间沟通与交流的重要性,明确如何与异性沟通,并分析、梳理自己在与异性交往时存在哪些问题。

二、主要活动

（一）爱的梦想

1.活动目的

引导辅导对象正确理解爱情的本质,明确自己的爱情观。

2.活动过程

（1）向辅导对象发放纸笔,要求其回答下列问题:

我认为,所谓爱情,应该是＿＿＿＿＿＿＿＿＿＿＿＿＿＿＿。

我希望,通过恋爱自己可以＿＿＿＿＿＿＿＿＿＿＿＿＿＿＿。

对待爱情,我会＿＿＿＿＿＿＿＿＿＿＿＿＿＿＿＿＿＿＿。

（2）引导辅导对象在团体内依次分享自己的作答内容。在分享过程中,其他成员要认真倾听,并对其分享的内容发表自己的意见和看法。

（3）辅导员进行总结,引导辅导对象明确自己的爱情观,认识到自己对爱的认识与追求哪些是合理的、哪些是存在偏差需要调整的。引导辅导对象正确认识爱情的本质,初步形成正确的恋爱观。

（二）梦中情缘

1.活动目的

帮助辅导对象明确自己对另一半的认识与期待,了解不同性别的个体对异性的看法与观点,增强彼此了解,明确成长方向。

2.活动过程

（1）将辅导对象分成人数均等的 2 个小组,需注意,男女成员人数也应均等。

（2）给每个小组发放一张名为“梦中情缘”的表格。要求小组成员轮流发言,陈述自己最欣赏的异性是什么样的,具备哪些特质,理由是什么。

（3）小组成员发言时,其他成员要认真倾听,不评论、不打断。发言内容由一名成员记录在下表中。

"梦中情缘"记录表

序号	理想的男性特质	理由	序号	理想的女性特质	理由

(4)每个小组选派一名代表,将小组讨论结果在团体内进行分享和介绍。

(5)引导辅导对象共同讨论:大家对异性特质的共同期待是什么? 对男性、女性的期待有什么不同?

(6)辅导员对讨论结果进行整理,使辅导对象认识到人们所期待、欣赏的异性特质有哪些,帮助其学会转换视角看问题,知道怎样才能被他人欣赏和欢迎。

(三)共同寻爱

1.活动目的

进一步说明活动的目标,建立团体规范,帮助辅导对象明确辅导任务与要求。

2.活动过程

(1)引导辅导对象思考并分享以下内容:自己为什么要来参加本次朋辈团体心理辅导? 通过参加本次辅导,自己希望取得哪些收获?

(2)对辅导对象分享的内容进行归纳和整理,并进一步明确辅导目标。

(3)为实现辅导目标,需建立共同遵守的团体规范,辅导员说明建立规范的必要性与意义。

(4)引导辅导对象共同讨论,在参与辅导的过程中应该遵守哪些规范,将大家达成共识的规范写在白纸上,要求其签名并承诺遵守。

三、单元结束活动

(一)活动目的

回顾辅导历程,引导辅导对象总结收获。

（二）活动过程

1.引导辅导对象回顾本单元辅导活动,使其明确在辅导过程中的收获。

2.辅导员对辅导过程进行总结,再次强调辅导目标与团体规范。

第二单元

[单元活动名称]:爱的表达。

[单元活动目标]:协助辅导对象进一步正确认识恋爱过程,明确在恋爱过程中男女双方在观念和行为上的差异,学会恋爱中的交往技巧。

一、暖身活动:心有灵犀

（一）活动目的

引导辅导对象放松心情,彼此互动,营造和谐、温馨的辅导氛围。

（二）活动过程

1.辅导对象围圈而坐,闭上眼睛,将左手手心朝上,右手手心朝下轻轻放在旁边人的手上。

2.从任意一人开始,让其用自己的右手点敲相邻同伴的左手,第二个人感受到相邻者发来的信号后,要立即重复上述动作,将信号传递给自己右手边的人,直至信号传回到第一个发出者处。

3.可以重复几次上述活动,对比每次信号传递时在速度、强度、准确性等方面的不同。

4.引导辅导对象分享在活动中的感悟与心情变化。

二、主要活动

（一）爱情玫瑰

1.活动目的

引导辅导对象体验表达爱、接受爱与拒绝爱的感受,使其发现自身在表达爱的过程中存在的问题,激发其学习相关技巧的主动性。

2.活动过程

（1）辅导对象围成一个空间较大的圈坐好,辅导员将一枝玫瑰花(可以是真花,也可以是象征性的替代物)任意交给一位成员。音乐响起时,从该成员开始在团体内依次传递玫瑰花。

（2）辅导员控制音乐,随机停止播放。当音乐停止时,手中拿着玫瑰花的成员要站在场地中间回答问题:当自己遇到心仪的人,是否会主动表达爱意? 如果会,打算如何表达? 如果不想主动表达,原因是什么? 活动继续,

再找 2~3 名不同的成员回答同样的问题。

(3)用上述方式继续活动,接下来拿到玫瑰花的成员要站在场地中间回答:如果有人向你主动表达爱意,你会怎样回应?为什么?同样,再找 2~3 名不同的成员回答这一问题。

(4)游戏结束后,引导辅导对象交流,应该如何表达、接受或拒绝爱意。

(5)引导辅导对象分享在游戏中的感受与收获。

(6)辅导员就如何有效表达爱、接受爱、拒绝爱等问题给出意见和建议。

(二)你我不同

1. 活动目的

使辅导对象了解在恋爱中的男女性别特点差异,进一步探索与异性交往的技巧。

2. 活动过程

(1)将辅导对象按性别不同,分成男女两组,两组成员相对而坐。

(2)辅导员引导两组成员进行观察,并结合在辅导过程中对对方的了解,先由女性成员组分别对对面的男性成员依次进行特点评价,再由男性成员组对对面的女性成员依次进行特点评价。

(3)通过相互评价,引导辅导对象发现男性成员的共性特点和女性成员的共性特点,加强彼此间的了解。引导辅导对象进一步明确恋爱中由于性别差异,男性和女性在对待问题、处理问题、情感表达的过程中会表现出一定的差异性,因此,需要彼此了解、尊重、理解和包容。

(三)我的橘子

1. 活动目的

帮助辅导对象进一步明确自己的爱情观,端正对恋爱的态度。

2. 活动过程

(1)辅导对象围成圆圈坐好,圆圈中间放置一张桌子。

(2)辅导员拿来与辅导对象相同数量的橘子放在桌子上,请辅导对象依次任意挑选一个橘子拿在手上。

(3)要求辅导对象仔细观察自己手中橘子的特点,并牢牢记住。提醒辅导对象不能给自己的橘子做记号。

(4)观察任务完成后,请辅导对象将手中的橘子放回到桌子上,辅导员将橘子的顺序打乱,使其混在一起。

(5)辅导对象依次到桌子前将自己的橘子找回去,看谁找得又快又准。

(6)使辅导对象确认是否真的找到自己原来的橘子。如果找到了,思考是如何找到的。

(7)引导辅导对象讨论、分享参加这一游戏的收获和感悟。

三、单元结束活动

(一)活动目的

对辅导活动进行总结,引导辅导对象总结收获,实现心理成长。

(二)活动过程

1.辅导员对本单元辅导过程进行总结。

2.使辅导对象领悟在团体中的收获与成长。

3.辅导员说明本单元辅导目标,引导辅导对象进一步端正恋爱观,形成对恋爱的正确认识。

第三单元

[单元活动名称]:相爱没有那么简单。

[单元活动目标]:帮助辅导对象形成对恋爱过程现实、理性的认识,掌握处理恋爱问题的方法与技巧,做好心理准备,以应对恋爱中可能出现的各种问题。

一、上期朋辈团体心理辅导经历回顾

(一)活动目的

通过回顾,帮助辅导对象进一步明确辅导目标,发现自己在辅导过程中的成长与收获。

(二)活动过程

1.引导辅导对象回顾上一期辅导经历,分享自己在辅导过程中的收获与体会,进一步强化自我探索,提升积极参与辅导活动的信心。

2.辅导员进行总结,再次说明辅导目标。

二、主要活动

(一)爱情方舟

1.活动目的

引导辅导对象认识到两性交往中应该相互理解、相互支持,共同面对和解决遇到的各种问题。

2. 活动过程

（1）将辅导对象分为 6 人一组，为每组发放一张大小相同的报纸。

（2）引导辅导对象想象，地面就是一片汪洋大海，而这张报纸则代表汪洋大海中的一条小船。

（3）要求每个组的成员都要同时站在"船"上。彼此之间可以采用背、抱、扛等一切有助于任务完成的方法，脚可以悬空，但不能落在报纸以外的任何区域，否则视为任务失败，跌入海中。最快完成任务且坚持时间最长的一组获得胜利。

（4）增加任务难度，将报纸对折，代表"船"变小，要求依旧按照上述规则完成挑战。

（5）引导辅导对象分享顺利完成任务或挑战失败的原因，以及在这个活动中的收获与体会。

（6）使辅导对象认识到，恋爱过程中遇到问题要齐心协力，共同面对。

（二）爱的箴言

1. 活动目的

帮助辅导对象客观、理性地看待恋爱过程中可能出现的问题，并进一步明确应对策略。

2. 活动过程

（1）将辅导对象分成人数均等的 2 个小组，给每个小组分发一张大白纸和若干彩笔。

（2）引导辅导对象在小组内讨论恋爱中可能遇到的问题，以及出现问题后应该如何处理和解决。

（3）小组内进行总结，把大家达成共识的内容命名为"爱的箴言"，写在大白纸上，辅导对象共同用彩笔在大白纸上进行涂画，形成美观的图案。

（4）辅导对象共同在团体内展示自己小组的"爱的箴言"。

（5）引导辅导对象分享在本次活动中的收获与感受。

三、单元结束活动

（一）活动目的

对本单元的辅导过程进行回顾，帮助辅导对象总结辅导过程中的收获。

（二）活动过程

1. 辅导员对本单元朋辈团体心理辅导的情况进行总结。

2. 引导辅导对象分享自己在辅导过程中的收获与体会,发现心理上的成长与转变。

3. 辅导员再次就如何有效处理恋爱中的问题进行指导,并提出建议。

实例 2:爱的华尔兹

一、朋辈团体心理辅导目标

帮助成员树立正确的恋爱观,学习并掌握处理恋爱中各种问题的方法和策略,懂得如何妥善处理爱情与学习、友谊等方面的关系,提升爱的能力。

二、朋辈团体心理辅导员

由具有组织、开展朋辈团体心理辅导经历,掌握朋辈团体心理辅导理论及相关操作技巧,具有良好的语言表达和组织协调能力,性格开朗且亲和力强的朋辈团体心理辅导员 1 人,以及朋辈团体心理辅导过程观察员 1 人共同组成。

三、朋辈团体心理辅导对象

希望提升恋爱能力、掌握恋爱技巧的在校大学生。

四、朋辈团体心理辅导性质

同质性、结构式、发展性团体。

五、朋辈团体心理辅导规模

20 人,男性、女性人数均等。

六、朋辈团体心理辅导时间

共三次,每周一次,每次一小时。

七、朋辈团体心理辅导地点

温度适宜、大小合适,环境温馨且安全的团体心理活动室。

八、辅导对象招募方式

公开招募、自愿报名,通过面谈筛选。

九、朋辈团体心理辅导评估方式

评估项目一:团体成员的反馈表;

评估项目二:辅导员的自我评估;

评估项目三:观察员的观察记录。

十、朋辈团体心理辅导实施方案

第一单元

[单元活动名称]:恋爱初体验。

[单元活动目标]:促进辅导对象相互熟识,形成良好的辅导氛围,构建团队凝聚力。

一、团体热身活动:大风吹

(一)活动目的

活跃团体氛围,促进辅导对象之间互动,激发其对本次朋辈团体心理辅导的兴趣。

(二)活动过程

1.辅导对象围成一个圈,每人坐在一把椅子上。

2.辅导员站在圆圈中间,大声说"大风吹",全体成员问"吹什么?"辅导员随机说出部分成员身上具有的物品或特征,例如"吹梳辫子的人"。符合这一特征的成员,听到指令后需立刻起身更换位置(位置有限),不符合这一特征的成员则保持在原位置。

3.没有抢到座位的成员要来到圆圈中间表演节目,之后继续游戏。

4.游戏结束后,引导辅导对象分享参与游戏的体会和感受,促进他们相互熟悉,形成良好的辅导氛围。

二、主要活动

(一)你我初相识

1.活动目的

创设温馨的团体氛围,促进辅导对象间相识、熟悉,体验异性交流互动的感受。

2.活动过程

(1)男女成员间隔开,围圈而坐。

(2)辅导对象逐一站到圈中央,用下列语句发言:我叫＿＿＿(姓名),我的性格(或者兴趣)是＿＿＿＿＿＿＿,你和我一样吗?

(3)与发言者性格或兴趣相似的异性需立刻起立,站到其面前并介绍自己。

(4)游戏结束后,引导辅导对象分享自己在活动中的感受和体会。

(二)我说你做

1.活动目的

引导辅导对象体验沟通对两性交往的影响,认识恋爱过程中沟通的重要性。

2.活动过程

(1)给每位成员发放一张大小、规格相同的纸。

(2)要求辅导对象按照辅导员的指令进行撕纸游戏。在这一过程中,相互之间不可以交流,也不可以向辅导员发问,也不允许使用剪刀。

(3)重复上述过程,这次可以向辅导员发问,但辅导对象之间不可以交流。

(4)继续重复上述过程,这次可以向辅导员发问,辅导对象间也可以相互交流。

(5)比较每一轮游戏中撕纸后的形状差异,大家会发现,最后一轮大家撕好后的结果是最相似的。

(6)引导辅导对象讨论、分享在游戏中的收获与感悟,认识两性交往中沟通的重要性。

(三)爱情是什么

1.活动目的

帮助辅导对象正确理解爱情的内涵,为形成正确的恋爱观做好准备。

2.活动过程

请辅导对象认真思考,并回答下列问题:

(1)你最希望异性对象符合以下标准:

_____。

（2）你觉得你的父母最希望你的异性对象符合以下标准：

_____。

（3）对你的成长最具有影响力的一位异性亲人、师长、朋友是：

_____。

（4）他（她）是什么样的人，如果用五个词来形容，会是哪些词呢？

_____。

（5）你渴望的爱情生活是什么样的？

_____。

辅导对象回答完成后，在团体内进行讨论和分享。引导辅导对象认识到，对待爱情要有自己的目标与追求，但一定要理性和客观，只有树立正确的爱情观，才可能拥有美好爱情。

三、单元结束活动

（一）活动目的

回顾辅导历程，引导辅导对象发现自己的收获与变化。

（二）活动过程

1. 辅导员回顾辅导历程。

2. 引导辅导对象分享在本次活动中的收获和感受。

3. 辅导员总结本次辅导活动，强调树立正确恋爱观的重要性，并对如何形成正确的爱情观做出指导，并提出建议。

第二单元

[单元活动名称]：我的恋爱我做主。

[单元活动目标]：帮助辅导对象掌握处理恋爱问题的方法和策略，提升爱的能力。

一、团体暖身活动：大树和松鼠

（一）活动目的

活跃团体气氛，促进辅导对象互动，引导其对本次活动产生兴趣。

（二）活动过程

1. 将辅导对象随机分成三人一组。其中两人扮演"大树"，手拉手并举起搭成一个"小屋"，另一人扮演"松鼠"，站在两人搭成的"小屋"中间。

2. 当辅导员发出"松鼠"的指令时，"大树"不动，扮演"松鼠"的成员则要立刻离开原来的"大树"，进入其他大树搭成的"小屋"中。辅导员或者其他没有队伍的成员就临时扮演"松鼠",并快速进入"大树"搭成的"小屋"中。没有找到"小屋"、落单的成员需表演节目。

3. 当辅导员发出"大树"的指令时,"松鼠"不动,扮演"大树"的成员则必须离开原先的同伴,快速与其他"大树"重新组合成一个"小屋",并要圈住一只"松鼠"。辅导员或者其他没有队伍的成员要临时扮演"大树",落单的人需表演节目。

4. 当辅导员发出"地震"的指令时,扮演"大树"和"松鼠"的成员全部要打乱,并快速重新进行组合。扮演"大树"的成员也可扮演"松鼠",原来的"松鼠"也可扮演"大树"。辅导员或者其他没有队伍的成员也可以参与到游戏当中,落单的成员则需表演节目。

5. 引导辅导对象分享在活动过程中的感受和体会。

二、主要活动

(一)爱情价值

1. 活动目的

引导辅导对象悦纳自我,认识到无论何时何地自己都是有价值的,从而增强自我认同感和自尊体验。

2. 活动过程

(1)把辅导对象随机分成"5毛"和"1元"两组,辅导员随机说出一个金额,辅导对象要根据自己的价值快速组成相应金额。

(2)辅导员随机变换金额,重复上述游戏。

(3)辅导对象讨论并分享在活动中的感受,引导其认识到,无论是"5毛"还是"1元",都有其本身的价值。这就如同在恋爱中,每个人也都应该认识到自己的价值与作用,学会正视自我,自尊、自爱。

(二)爱的默契

1. 活动目的

使辅导对象明白,在爱情中双方应该具备信任感和责任感,以实现有效互动。

2. 活动过程

(1)将辅导对象分成若干两人异性小组,给每组发放剪刀、彩纸和胶带。

(2)要求每个小组在10分钟内,利用上述材料搭建高塔。在搭建过程中,小组成员不可以用语言交流,只能通过眼神或者动作沟通。完成速度快

且效果好的一组将获得奖励。

（3）引导辅导对象讨论并分享在活动中的感受和体会。使辅导对象明白，在恋爱中要相互信任，并有责任意识，只有这样才能拥有美好的爱情。

（三）我的最爱

1.活动目的

帮助辅导对象了解自己在恋爱中最在意的因素，明确自己的爱情观。

2.活动过程

（1）准备拍卖用的小锤子和道具钱币。

（2）给每位成员发放 10000 元（道具钱），每项拍品出价不能少于 1000 元。成员根据自己对拍品的估价及心理需求进行自由竞拍。出价购买的拍品，代表自己希望在爱情中可以拥有的东西。

拍品：①迷人的外表　②善解人意的性格　③高尚的品德　④共同的兴趣爱好　⑤丰厚的财富　⑥渊博的学识　⑦门当户对　⑧风趣浪漫　⑨理解尊重　⑩忠诚责任

（3）所有拍品拍卖完成后，引导辅导对象讨论以下问题：

①是否拍到了自己心仪的拍品？

②哪个拍品最希望得到，却没有拍到？

③自己都拍了哪些拍品？为什么要拍到它们？

④哪个拍品对自己来说是最重要的？为什么？

（4）引导辅导对象分享在活动中的感受与体会，辅导员帮助辅导对象明确自己的爱情观。

三、单元结束活动

（一）活动目的

回顾活动过程，总结辅导对象的收获，顺利结束本单元活动。

（二）活动过程

1.引导辅导对象相互交流和分享自己在本单元活动中的感受与收获。

2.辅导员回顾和总结辅导活动，并强调在恋爱中要提升爱的能力，对如何妥善处理恋爱中的问题进行指导，并提出建议。

第三单元

[单元活动名称]：浪漫之舞。

[单元活动目标]：帮助辅导对象明确爱情在生活中的地位，处理好爱情

与学习、友谊等方面的关系。

一、暖身活动:爱情节拍

(一)活动目的

使辅导对象体会在互动中默契配合的重要性。活跃气氛,激发辅导对象对朋辈团体心理辅导的兴趣,为后续活动的开展做好准备。

(二)活动过程

1. 辅导对象在团体内随机找到一名异性伙伴,形成两人小组。

2. 辅导员讲解活动要求。成员仔细听指令,男生女生相互配合,按指令做出相应动作。

(1)两情相悦:男生女生相对而立,表情愉悦。

(2)一厢情愿:男生面对女生,而女生则背对男生。

(3)情有独钟:女生面对男生,而男生则背对女生。

(4)分道扬镳:男生女生相背而立,表情严肃。

3. 辅导员随机发出指令,辅导对象立刻做出相应动作。小组内有一人做错或反应过慢即被淘汰。几轮游戏后,坚持到最后的小组获胜。

4. 引导辅导对象分享在活动中的感受与体会。

二、主要活动

(一)爱的双人舞

1. 活动目的

使辅导对象认识到,在恋爱过程中要相互包容、相互配合。

2. 活动过程

(1)将辅导对象分成两人一组,两人在本次辅导过程中最好从未搭档过。

(2)两人背靠背,中间夹住充满气的气球一同移动,将气球送到指定地点。其中一人是行动主导,另一人需配合跟随。要求两人步调协调一致,且不可以与其他小组发生碰撞,气球不能落地,否则需回到起点重新开始。

(3)一轮游戏结束后,角色互换,重复上述环节。

(4)引导辅导对象讨论以下问题:

①处于不同角色时,内心的感受和体验是怎样的? 你更希望成为哪一个角色?

②在游戏过程中,你是如何与对方协调一致的?

③在恋爱过程中,你希望自己是主导的一方,还是配合的一方? 为什么?

(二)爱的味道

1.活动目的

帮助辅导对象进一步认识和理解爱情的内涵,提升其爱的能力。

2.活动过程

(1)将辅导对象分成人数均等的两个组。

(2)引导辅导对象思考:如果说爱情是一道美味大餐,你希望它是什么? 应该由哪些"材料"组成? 为什么?

(3)小组成员依次发言,表达自己的观点和见解。

(4)引导辅导对象思考:如果爱情这道大餐只能保留三种"材料",你觉得最应该保留哪三种?

(5)辅导员整理大家的意见,对如何构建正确的爱情观提出建议。

(三)爱的包围

1.活动目的

使辅导对象学会如何处理恋爱与其他方面的关系。

2.活动过程

(1)每位成员在纸上画一个网络图,要把"爱情"标注在中心,向外一层层扩散,每一层安排一位对自己重要的人或重要事件。

(2)假如一阵风吹过,这个网络从最外层逐渐破碎,辅导对象需思考并体会每一层失去一位重要他人或重要事件时的感受。

(3)引导辅导对象讨论以下问题:

①把不同的人或事安排在不同位置的原因是什么?

②当看到这些人或事离开自己时的感受是怎样的?

③使辅导对象明白,生活中除了爱情,还有许多值得我们关注的人和事,要学会妥善处理这些人和事与爱情之间的关系。

三、单元结束活动

(一)活动目的

使辅导对象总结和分享在本次活动中的收获与成长,顺利结束辅导活动。

（二）活动过程

1. 辅导员对本次活动进行回顾和总结。

2. 引导辅导对象交流和分享在辅导过程中的收获和体会。

3. 辅导员再次说明辅导目标，对辅导对象如何提升爱的能力、妥善处理恋爱问题进行指导，并鼓励其将辅导过程中的收获迁移到现实生活中。

4. 给每人发放一张写有鼓励和祝福的卡片，向大家表达美好祝愿，并结束辅导活动。

参考文献

[1]樊富珉.团体心理咨询[M].北京:高等教育出版社,2005.

[2]许素萍,吕冬诗.大学生朋辈心理辅导——交往·互助·成长[M].北京:科学出版社,2010.

[3]陈国海,刘勇.心理倾诉——朋辈心理咨询[M].广州:暨南大学出版社,2001.

[4]江光荣.心理咨询的理论与实务[M].北京:高等教育出版社,2005.

[5]崔建华,陈秀丽,王海荣.大学生心理素质拓展教育[M].厦门:厦门大学出版社,2009.

[6]于泱,李权超.实用团体心理游戏与心理辅导[M].2版.北京:军事医学科学出版社,2013.

[7]高兰.大学生心理健康教育——心灵成长自助手册[M].2版.北京:教育科学出版社,2020.

[8]许志红,李清.新编大学生心理健康教育[M].长春:吉林大学出版社,2022.

[9]周圆.团体辅导:理论、设计与实例[M].上海:上海教育出版社,2013.

[10]王红菊,尹红霞.大学生心理健康教育[M].成都:电子科技大学出版社,2020.

[11]廖冉,张静.大学生团体心理辅导方案指南[M].北京:知识产权出版社,2013.

[12]樊富珉,何瑾.团体心理辅导[M].2版.上海:华东师范大学出版社,2022.

[13]张潮,杨晓荣.自助与成长——大学生心理健康教育(高职高专版)[M].3版.北京:教育科学出版社,2020.